ANA INFA

W9-BIN-478

ANA INFANTE

A ORILLAS DEL
RÍO PIEDRA
ME SENTÉ Y LLORÉ

Paulo Coelho

A ORILLAS DEL
RÍO PIEDRA
ME SENTÉ Y LLORÉ

grijalbo

A ORILLAS DEL RÍO PIEDRA ME SENTÉ Y LLORÉ

Título original en portugués: *Na margem do rio Piedra eu sentei e chorei*

© 1994. Paulo Coelho

25a. reimpresión, 2004

Traducción: Alfonso Indecona

http://www.paulocoelho.com.br

Editada y publicada según acuerdo con
Sant Jordi Asociados, Barcelona, España.

Todos los derechos reservados.
Autorizada la venta en México y
América Central.

D.R. 2004, Random House Mondadori, S.A. de C.V.
        Av. Homero No. 544, Col. Chapultepec Morales,
        Del. Miguel Hidalgo, C.P. 11570, México, D.F.

www. randomhousemondadori.com.mx

Queda rigurosamente prohibida, sin autorización escrita de los titulares del *copyright*, bajo las sanciones establecidas por las leyes, la reproducción total o parcial de esta obra por cualquier medio o procedimiento, comprendidos la reprografía, el tratamiento informático, así como la distribución de ejemplares de la misma mediante alquiler o préstamo público.

ISBN 970-05-1245-2

Impreso en México / *Printed in Mexico*

«Y la Sabiduría se ha acreditado
por todos sus hijos.»

LUCAS, 7, 35

Oh María, concebida sin pecado,
ruega por nosotros, que a ti recurrimos, amén.

Para I. C. y S. B., cuya comunicación amorosa me hizo ver el rostro femenino de Dios;

Monica Antunes, compañera desde la primera hora, que con su amor y entusiasmo esparce el fuego por el mundo;

Paulo Rocco, por la alegría de las batallas que libramos juntos, y por la dignidad de los combates que libramos entre nosotros;

Matthew Lore, por no haber olvidado una sabia línea del I Ching: «La perseverancia es favorable».

NOTA DEL AUTOR

Un misionero español visitaba una isla, cuando se encontró con tres sacerdotes aztecas.

–¿Cómo rezáis vosotros? –preguntó el padre.

–Sólo tenemos una oración –respondió uno de los aztecas–. Nosotros decimos: «Dios, Tú eres tres, nosotros somos tres. Ten piedad de nosotros».

–Bella oración –dijo el misionero–. Pero no es exactamente la plegaria que Dios escucha. Os voy a enseñar una mucho mejor.

El padre les enseñó una oración católica y prosiguió su camino de evangelización. Años más tarde, ya en el navío que lo llevaba de regreso a España, tuvo que pasar de nuevo por aquella isla. Desde la cubierta, vio a los tres sacerdotes en la playa, y los llamó por señas.

En ese momento, los tres comenzaron a caminar por el agua, hacia él.

–¡Padre! ¡Padre! –gritó uno de ellos, acercándose al navío–. ¡Enséñanos de nuevo la oración que Dios escucha, porque no conseguimos recordarla!

–No importa –dijo el misionero, viendo el milagro.

Y pidió perdón a Dios por no haber entendido antes que Él hablaba todas las lenguas.

11

Esta historia ejemplifica bien lo que quiero contar en *A orillas del río Piedra me senté y lloré*. Rara vez nos damos cuenta de que estamos rodeados por lo Extraordinario. Los milagros suceden a nuestro alrededor, las señales de Dios nos muestran el camino, los ángeles piden ser oídos...; sin embargo, como aprendemos que existen fórmulas y reglas para llegar hasta Dios, no prestamos atención a nada de esto. No entendemos que Él está donde Le dejan entrar.

Las prácticas religiosas tradicionales son importantes; nos hacen participar con los demás en una experiencia comunitaria de adoración y de oración. Pero nunca debemos olvidar que una experiencia espiritual es sobre todo una experiencia *práctica* de Amor. Y en el amor no existen reglas. Podemos intentar guiarnos por un manual, controlar el corazón, tener una estrategia de comportamiento... Pero todo eso es una tontería. Quien decide es el corazón, y lo que él decide es lo que vale.

Todos hemos experimentado eso en la vida. Todos, en algún momento, hemos dicho entre lágrimas: «Estoy sufriendo por un amor que no vale la pena». Sufrimos porque descubrimos que damos más de lo que recibimos. Sufrimos porque nuestro amor no es reconocido. Sufrimos porque no conseguimos imponer nuestras reglas.

Sufrimos impensadamente, porque en el amor está la semilla de nuestro crecimiento. Cuanto más amamos, más cerca estamos de la experiencia espiritual. Los verdaderos iluminados, con las almas encendidas por el Amor, vencían todos los prejuicios de la época. Cantaban, reían, rezaban en voz alta, compartían aquello que san Pablo llamó la «santa locura». Eran alegres, porque quien ama ha vencido el mundo y no teme perder nada. El verdadero amor supone un acto de entrega total.

A orillas del río Piedra me senté y lloré es un libro sobre la importancia de esta entrega. Pilar y su compañero son personajes ficticios, pero símbolos de los numerosos conflictos que nos acompañan en la búsqueda de la Otra Parte. Tarde o temprano tenemos que vencer nuestros miedos, pues el camino espiritual se hace mediante la experiencia diaria del amor.

El monje Thomas Merton decía: «La vida espiritual consiste en amar. No se ama porque se quiera hacer el bien, o ayudar, o proteger a alguien. Si obramos de ese modo, estamos viendo al prójimo como un simple objeto, y nos estamos viendo a nosotros como personas generosas y sabias. Esto nada tiene que ver con el amor. Amar es comulgar con el otro, es descubrir en él una chispa divina».

Que el llanto de Pilar a orillas del río Piedra nos lleve por el camino de esta comunión.

A ORILLAS DEL RÍO PIEDRA

me senté y lloré. Cuenta una leyenda que todo lo que cae en las aguas de este río –las hojas, los insectos, las plumas de las aves– se transforma en las piedras de su lecho. Ah, si pudiera arrancarme el corazón del pecho y tirarlo a la corriente; así no habría más dolor, ni nostalgia, ni recuerdos.

A orillas del río Piedra me senté y lloré. El frío del invierno me hacía sentir las lágrimas en el rostro, que se mezclaban con las aguas heladas que pasaban por delante de mí. En algún lugar ese río se junta con otro, después con otro, hasta que –lejos de mis ojos y de mi corazón– todas esas aguas se confunden con el mar.

Que mis lágrimas corran así bien lejos, para que mi amor nunca sepa que un día lloré por él. Que mis lágrimas corran bien lejos, así olvidaré el río Piedra, el monasterio, la iglesia en los Pirineos, la bruma, los caminos que recorrimos juntos.

Olvidaré los caminos, las montañas y los campos de mis sueños, sueños que eran míos y que yo no conocía.

Me acuerdo de mi instante mágico, de aquel momento en el que un «sí» o un «no» puede cambiar

toda nuestra existencia. Parece que sucedió hace tanto tiempo y, sin embargo, hace apenas una semana que reencontré a mi amado y lo perdí.

A orillas del río Piedra escribí esta historia. Las manos se me helaban, las piernas se me entumecían a causa del frío y de la postura, y tenía que descansar continuamente.

–Procura vivir. Deja los recuerdos para los viejos –decía él.

Quizá el amor nos hace envejecer antes de tiempo, y nos vuelve jóvenes cuando pasa la juventud. Pero ¿cómo no recordar aquellos momentos? Por eso escribía, para transformar la tristeza en nostalgia, la soledad en recuerdos. Para que, cuando acabara de contarme a mí misma esta historia, pudiese jugar en el Piedra; eso me había dicho la mujer que me acogió. Así –recordando las palabras de una santa– las aguas apagarían lo que el fuego escribió.

Todas las historias de amor son iguales.

Habíamos pasado la infancia y la adolescencia juntos. El se fue, como todos los muchachos de las ciudades pequeñas. Dijo que quería conocer el mundo, que sus sueños iban más allá de los campos de Soria.

Estuve algunos años sin noticias. De vez en cuando recibía alguna carta, pero eso era todo, porque él nunca volvió a los bosques y a las calles de nuestra infancia.

Cuando terminé los estudios me mudé a Zaragoza, y descubrí que él tenía razón. Soria era una ciudad pequeña y su único poeta famoso había dicho que se hace camino al andar. Entré en la facultad y encontré novio. Comencé a estudiar para unas oposiciones que no se celebraban nunca. Trabajé como dependienta, me pagué los estudios, me suspendieron en las oposiciones, rompí con mi novio.

Sus cartas, mientras tanto, empezaron a llegar con más frecuencia, y al ver los sellos de diversos países sentía envidia. Él era mi más viejo amigo, que lo sabía todo, recorría el mundo, se dejaba crecer las alas mientras yo trataba de echar raíces.

De un día para otro, sus cartas empezaron a hablar de Dios, y venían siempre de un mismo lugar de Francia. En una de ellas, manifestaba su deseo de entrar en un seminario y dedicar su vida a la oración. Yo le contesté, pidiéndole que esperase un poco, que viviese un poco más su libertad antes de comprometerse con algo tan serio.

Al releer mi carta, decidí romperla: ¿quién era yo para hablar de libertad o de compromiso? Él sabía de esas cosas, y yo no

Un día supe que estaba dando conferencias. Me sorprendió, porque era demasiado joven para ponerse a enseñar nada. Pero hace dos semanas me mandó una carta diciendo que iría a hablar ante un pequeño grupo en Madrid, y que deseaba contar con mi presencia.

Viajé durante cuatro horas, de Zaragoza a Madrid, porque quería volver a verlo. Quería escucharlo. Quería sentarme con él en un bar y recordar los tiempos en que jugábamos juntos y creíamos que el mundo era tan grande que no se podía recorrer.

sábado, 4 de diciembre de 1993

La conferencia era en un lugar más formal de lo que había imaginado, y había más gente de la que esperaba. No entendí qué era lo que ocurría.

«Quién sabe, a lo mejor se hizo famoso», pensé. No me había dicho nada en sus cartas. Sentí deseos de hablar con las personas presentes, preguntarles qué hacían allí, pero me faltó valor.

Me sorprendí al verlo entrar. Parecía diferente del niño que había conocido; pero en once años las personas cambian. Estaba más guapo, y le brillaban los ojos.

—Nos está devolviendo lo que era nuestro —dijo una mujer a mi lado.

Era una frase extraña.

—¿Qué nos está devolviendo? —pregunté.

—Lo que nos fue robado. La religión.

—No, no nos está devolviendo nada —dijo una mujer más joven, sentada a mi derecha—. No nos pueden devolver lo que ya nos pertenece.

—Entonces ¿qué haces aquí? —preguntó irritada la primera mujer.

—Quiero escucharlo. Quiero ver cómo piensan, porque ya nos quemaron una vez, y pueden querer repetir la dosis.

–Él es una voz solitaria –dijo la mujer–. Hace todo lo posible.

La joven esbozó una sonrisa irónica y se volvió hacia delante, dando por terminada la conversación.

–Para un seminarista, es una actitud valiente –prosiguió la mujer, esta vez mirándome a mí, en busca de apoyo.

Yo no entendía nada, no abrí la boca y la mujer desistió. La joven sentada a mi lado me guiñó un ojo, como si yo fuese su aliada.

Pero yo estaba quieta por otra razón. Pensaba en lo que había dicho la señora.

«Seminarista.»

No podía ser. Él me habría avisado.

Comenzó a hablar, y yo no conseguía concentrarme del todo. «Tendría que haberme vestido mejor», pensaba, sin entender la causa de tanta preocupación. Él me había descubierto en la platea, y yo intentaba descifrar sus pensamientos: ¿cómo estaría yo? ¿Qué diferencia hay entre una muchacha de dieciocho y una mujer de veintinueve?

Su voz era la de siempre. Pero sus palabras habían cambiado mucho.

Es necesario correr riesgos, decía. *Sólo entendemos del todo el milagro de la vida cuando dejamos que suceda lo inesperado.*

Todos los días Dios nos da, junto con el sol, un momento en el que es posible cambiar todo lo que nos hace infelices. Todos los días tratamos de fingir que no percibimos ese momento, que ese momento no existe, que hoy es igual que ayer y será igual que mañana. Pero quien presta atención a su día, descubre el instante mágico. Puede estar escondido en la hora en que metemos la llave en la puerta por la mañana, en el instante de silencio después del almuerzo, en las mil y una cosas que nos parecen iguales. Ese momento existe: un momento en el que toda la fuerza de las estrellas pasa a través de nosotros y nos permite hacer milagros.

La felicidad es a veces una bendición, pero por lo general es una conquista. El instante mágico del día nos ayuda a cambiar, nos hace ir en busca de nuestros sueños. Vamos a sufrir, vamos a tener momentos difíciles, vamos a afrontar muchas desilusiones..., pero todo es pasajero, y no deja marcas. Y en el futuro podemos mirar hacia atrás con orgullo y fe.

Pobre del que tiene miedo de correr riesgos. Porque ése quizá no se decepcione nunca, ni tenga desilusiones, ni sufra como los que persiguen un sueño. Pero al mirar hacia atrás

—porque siempre miramos hacia atrás— oirá que el corazón le dice: «¿Qué hiciste con los milagros que Dios sembró en tus días? ¿Qué hiciste con los talentos que tu Maestro te confió? Los enterraste en el fondo de una cueva, porque tenías miedo de perderlos. Entonces, ésta es tu herencia: la certeza de que has desperdiciado tu vida».

Pobre de quien escucha estas palabras. Porque entonces creerá en milagros, pero los instantes mágicos de su vida ya habrán pasado.

Las personas lo rodearon cuando terminó de hablar. Esperé, preocupada por la impresión que tendría de mí después de tantos años. Me sentía una niña: insegura, celosa porque no conocía a sus nuevos amigos, tensa porque prestaba más atención a los otros que a mí.

Entonces se acercó. Se puso rojo, y ya no era aquel hombre que decía cosas importantes; volvía a ser el niño que se escondía conmigo en la ermita de San Saturio, hablando de sus sueños de recorrer el mundo, mientras nuestros padres pedían ayuda a la policía pensando que nos habíamos ahogado en el río.

–Hola, Pilar –dijo.

Lo besé en la mejilla. Podría haberle dicho algunas palabras de elogio. Podría haber hecho algún comentario gracioso sobre la infancia, y sobre el orgullo que sentía de verlo así, admirado por los demás.

Podría haberle explicado que necesitaba salir corriendo y coger el último autobús nocturno para Zaragoza.

Podría. Jamás llegaremos a comprender el significado de esta frase. Porque en todos los momentos de nuestra vida existen cosas que podrían haber sucedido y terminaron no sucediendo. Existen instantes mágicos que van pasando inadvertidos y, de repente, la mano del destino cambia nuestro universo.

Fue lo que sucedió en aquel momento. En vez de todas las cosas que yo podía haber hecho, hice un comentario que —una semana después— me trajo delante de este río y me hizo escribir estas líneas.

—¿Podemos tomar un café? —fue lo que dije.

Y él, volviéndose hacia mí, aceptó la mano que el destino le ofrecía:

—Siento una gran necesidad de hablar contigo. Mañana tengo una conferencia en Bilbao. Voy en coche.

—Tengo que volver a Zaragoza —respondí, sin saber que allí estaba la última salida.

Pero, en una fracción de segundo, quizá porque volvía a ser niña, quizá porque no somos nosotros los que escribimos los mejores momentos de nuestras vidas, dije:

—Es el puente de la Inmaculada. Puedo acompañarte hasta Bilbao, y regresar desde allí.

Tenía el comentario sobre el «seminarista» en la punta de la lengua.

—¿Quieres preguntarme algo? —dijo él, notando mi expresión.

—Sí —traté de disimular—. Antes de la conferencia, una mujer dijo que le estabas devolviendo lo que era de ella.

—Nada importante.

—Para mí es importante. No sé nada de tu vida, me sorprende ver a tanta gente aquí.

Él se rió, y se volvió para atender a otros presentes.

—Un momento —dije, cogiéndolo del brazo—. No has contestado a mi pregunta.

—Nada que te interese mucho, Pilar.

—De cualquier manera, quiero saberlo.

Él respiró hondo y me llevó a un rincón de la sala.

—Las tres grandes religiones monoteístas, el judaísmo, el catolicismo y el islamismo, son masculinas. Los sacerdotes son hombres. Los hombres gobiernan los dogmas y hacen las leyes.

—¿Y qué quiso decir la señora?

Él vaciló un poco. Pero respondió:

—Que tengo una visión diferente de las cosas. Que creo en el rostro femenino de Dios.

Respiré aliviada; la mujer estaba engañada. Él no podía ser seminarista, porque los seminaristas no tienen una visión diferente de las cosas.

—Te has explicado muy bien —respondí.

La muchacha que me nabía guiñado el ojo me esperaba en la puerta.

—Sé que pertenecemos a la misma tradición –dijo–. Me llamo Brida.

—No sé de qué me hablas –respondí.

—Claro que lo sabes –se rió.

Me cogió del brazo y salimos juntas, antes de que yo tuviese tiempo de explicarle nada. La noche no era muy fría, y yo no sabía qué hacer hasta la mañana siguiente.

—¿Adónde vamos? –pregunté.

—Hasta la estatua de la Diosa –fue su respuesta.

—Necesito un hotel barato para pasar la noche.

—Después te digo dónde.

Prefería sentarme en un café, conversar un poco más, saber todo lo posible sobre él. Pero no quería discutir con ella; dejé que me guiase por el Paseo de la Castellana, pues hacía años que no veía Madrid.

En medio de la avenida se detuvo y señaló el cielo.

—Allí está –dijo.

La luna llena brillaba entre las ramas sin hojas.

—Está bonita –comenté.

Pero ella no me escuchaba. Abrió los brazos en forma de cruz, hizo girar las palmas de las manos hacia arriba y se quedó contemplando la luna.

«Dónde me fui a meter –pensé–. Vine a asistir a una conferencia, terminé en el Paseo de la Castellana y mañana viajo a Bilbao.»

–Oh espejo de la Diosa Tierra –dijo la muchacha con los ojos cerrados–. Enséñanos nuestro poder, haz que los hombres nos comprendan. Naciendo, brillando, muriendo y resucitando en el cielo, nos mostraste el ciclo de la semilla y del fruto.

La muchacha estiró los brazos hacia el cielo y se quedó un largo rato en esa posición. Las personas que pasaban la miraban y se reían, pero ella no se daba cuenta; quien se moría de vergüenza era yo, por estar a su lado.

–Necesitaba hacer esto –dijo, después de hacerle una larga reverencia a la luna–. Para que la Diosa nos proteja.

–¿De qué hablas?

–De lo mismo que hablaba tu amigo, sólo que con palabras verdaderas.

Me arrepentí de no haber prestado atención a la conferencia. No sabía bien de qué había hablado él.

–Nosotras conocemos el rostro femenino de Dios –dijo la muchacha cuando nos pusimos a caminar de nuevo–. Nosotras, las mujeres, que entendemos y amamos a la Gran Madre. Pagamos nuestra sabiduría con las persecuciones y las hogueras, pero sobrevivimos. Y ahora entendemos sus misterios.

Las hogueras. Las brujas.

Miré con más atención a la mujer que tenía al lado. Era bonita, la melena pelirroja le caía hasta media espalda.

–Mientras los hombres salían a cazar, nosotras nos

quedábamos en las cavernas, en el vientre de la Madre cuidando a nuestros hijos —prosiguió ella—. Y fue allí donde la Gran Madre nos lo enseñó todo. El hombre vivía en movimiento, mientras nosotras estábamos en el vientre de la Madre. Eso nos hizo percibir que las semillas se transformaban en plantas, y avisamos a nuestros hombres. Hicimos el primer pan, y los alimentamos. Moldeamos el primer vaso para que bebiesen. Y entendimos el ciclo de la creación, porque nuestro cuerpo repetía el ritmo de la luna.

De repente la muchacha se detuvo:

—Allí está ella.

Miré. En el centro de una plaza rodeada por el tránsito, había una fuente. En el medio de esa fuente, una escultura representaba a una mujer en un carruaje tirado por leones.

—Es la plaza de la Cibeles —dije, queriendo demostrarle que conocía Madrid. Había visto esa escultura en decenas de postales.

Pero ella no me escuchaba. Estaba en mitad de la calle, tratando de esquivar el tránsito.

—¡Vamos allí! —gritaba, llamándome por señas entre los coches.

Decidí alcanzarla, sólo para preguntarle el nombre de un hotel. Aquella locura me estaba cansando, y necesitaba dormir.

Llegamos a la fuente casi al mismo tiempo; yo con el corazón agitado y ella con una sonrisa en los labios.

—¡El agua! —dijo—. ¡El agua es su manifestación!

—Por favor, necesito el nombre de un hotel barato.

Metió las manos en la fuente.

—Haz lo mismo —me dijo—. Toca el agua.

—De ninguna manera. Me voy a buscar un hotel.

—Sólo un momento más.

La muchacha sacó una pequeña flauta del bolso y empezó a tocar. La música parecía tener un efecto hipnótico: el ruido del tránsito empezó a alejarse y mi corazón se tranquilizó. Me senté en el borde de la fuente, escuchando el sonido del agua y el de la flauta, con los ojos clavados en la luna llena encima de nosotras. Algo me decía que –aunque no lo pudiese comprender del todo– allí estaba un poco de mi naturaleza de mujer.

No sé durante cuánto tiempo tocó ella. Al terminar, se volvió hacia la fuente.

–Cibeles –dijo–. Una de las manifestaciones de la Gran Madre. Que gobierna las cosechas, sustenta las ciudades, devuelve a la mujer a su papel de sacerdotisa.

–¿Quién eres? –pregunté–. ¿Por qué me pediste que te acompañase?

Ella se volvió hacia mí:

–Soy lo que supones que soy. Formo parte de la religión de la Tierra.

–¿Y qué quieres de mí?

–Puedo leerte los ojos. Puedo leerte el corazón. Te vas a apasionar. Y vas a sufrir.

–¿Yo?

–Sabes de qué hablo. Vi cómo te miraba. Te ama.

Esa mujer estaba loca.

–Por eso te pedí que salieras conmigo –prosiguió–. Porque él es importante. Aunque diga tonterías, por lo menos reconoce a la Gran Madre. No dejes que se pierda. Ayúdalo.

–No sabes lo que dices. Estás perdida en tus fantasías –dije, mientras volvía a internarme entre los coches, jurando no volver a pensar nunca más en las palabras de aquella mujer.

35

domingo, 5 de diciembre de 1993

Paramos a tomar un café.

–La vida te enseñó muchas cosas –dije, tratando de iniciar una conversación.

–Me enseñó que podemos aprender, me enseñó que podemos cambiar –respondió él–. Aunque parezca imposible.

Estaba cortando el asunto. Casi no habíamos conversado durante las dos horas de viaje hasta aquel bar de la carretera.

Al principio intenté recordar nuestro tiempo de infancia, pero él apenas mostraba un educado interés. Ni siquiera me oía, y me hacía preguntas sobre cosas que yo ya había dicho.

Parecía que algo no andaba bien. Podía ser que el tiempo y la distancia lo hubiesen apartado para siempre de mi mundo. «Él habla sobre instantes mágicos –pensé–. ¿Qué diferencia hay en la carrera que siguieron Carmen, Santiago o María?» Su universo era otro, Soria no era más que un recuerdo distante: detenida en el tiempo, con los amigos de la infancia todavía en la infancia, y los viejos todavía vivos haciendo lo que hacían veintinueve años antes.

Empecé a arrepentirme de haber aceptado el viaje en coche. Cuando volvió a cambiar de tema, durante el café, decidí no insistir más.

Las dos horas restantes, hasta Bilbao, fueron una verdadera tortura. Él miraba la carretera, yo miraba por la ventanilla, y ninguno de los dos ocultaba el malestar que se había instalado. El coche alquilado no tenía radio, y la solución era aguantar el silencio.

–Vamos a preguntar dónde queda la estación de autobuses –dije, en cuanto salimos de la autopista–. Hay una línea regular a Zaragoza.

Era la hora de la siesta y había poca gente en las calles. Pasamos por delante de un señor, de una pareja de jóvenes, y él no se detuvo a pedir información.

–¿Tú sabes dónde queda? –pregunté, después de un rato.

–¿Dónde queda qué?

Él seguía sin prestar atención a lo que yo decía.

De repente entendí aquel silencio. ¿De qué podía conversar con una mujer que nunca se había aventurado por el mundo? ¿Qué interés podía tener estar al lado de alguien que temía lo desconocido, que prefería un empleo seguro y un matrimonio convencional? Yo –pobre de mí– hablaba de los mismos amigos de la infancia, de los mismos recuerdos polvorientos de un pueblo insignificante. Era mi único tema.

–Me puedes dejar aquí mismo –dije cuando llegamos a lo que parecía ser el centro de la ciudad. Trataba de mostrarme natural, pero me sentía estúpida, infantil y aburrida.

Él no detuvo el coche.

–Tengo que coger el autobús para regresar a Zaragoza –insistí.

–Nunca estuve aquí. No sé dónde queda mi hotel. No sé dónde tengo que dar la conferencia. No sé dónde queda la estación de autobuses.

–Ya la encontraré, no te preocupes.

Disminuyó la velocidad, pero siguió conduciendo.

–Me gustaría... –dijo

Por dos veces no consiguió terminar la frase. Yo imaginaba qué era lo que le gustaría: agradecer mi compañía, mandar recuerdos a los amigos y, de esa manera, aliviar aquella sensación desagradable.

–Me gustaría que fueses conmigo a la conferencia de esta noche –dijo por fin.

Me llevé un susto. Quizá estuviese tratando de ganar tiempo para reparar el incómodo silencio del viaje.

–Me gustaría mucho que fueses conmigo –repitió.

Yo podía ser una muchacha de provincias, sin grandes historias que contar, sin el brillo y la presencia de las mujeres de la ciudad. Pero la vida de provincias, aunque no haga a la mujer más elegante o mejor preparada, le enseña a escuchar el corazón, a entender sus instintos.

Para mi sorpresa, el instinto me decía que él estaba siendo sincero.

Respiré aliviada. Claro que no me quedaría a conferencia alguna, pero al menos mi amigo querido parecía estar de vuelta, llamándome para asistir a sus aventuras, compartiendo conmigo sus miedos y victorias.

–Gracias por la invitación –respondí–. Pero no tengo dinero para hotel, y necesito regresar a fin de seguir con mis estudios.

—Yo tengo algo de dinero. Puedes quedarte en mi habitación. Pedimos dos camas separadas.

Advertí que él estaba empezando a sudar, a pesar del frío. Mi corazón se puso a enviar señales de alarma que yo no conseguía identificar. La sensación de alegría de hacía unos momentos fue sustituida por una inmensa confusión.

Detuvo el coche de repente y me miró directo a los ojos.

Nadie logra mentir, nadie logra ocultar nada cuando mira directo a los ojos.

Y toda mujer, con un mínimo de sensibilidad, consigue leer los ojos de un hombre enamorado. Por absurda que parezca, por fuera de lugar y de tiempo que se manifieste esa pasión. Me acordé inmediatamente de las palabras de la mujer pelirroja de la fuente.

No era posible. Pero era verdad.

Nunca, nunca en mi vida había pensado que él —tanto tiempo después— se acordase todavía. Éramos niños, vivíamos juntos y descubrimos el mundo cogidos de la mano. Yo le amé, si es que una niña puede entender del todo el significado del amor. Pero aquello había sucedido hacía mucho tiempo, en otra vida, donde la inocencia deja el corazón abierto a todo lo mejor que hay en la vida.

Ahora éramos adultos y responsables. Las cosas de la infancia eran cosas de la infancia.

Volví a mirarlo a los ojos. Yo no quería o no podía creerlo.

—Tengo sólo esta conferencia, y estamos en el puente de la Inmaculada Concepción. Necesito ir a las montañas —prosiguió—. Necesito mostrarte algo.

43

El hombre brillante, que hablaba de instantes mágicos, estaba frente a mí, actuando de la manera más equivocada posible. Avanzaba demasiado rápido, estaba inseguro, hacía propuestas confusas. Resultaba duro verle de ese modo.

Abrí la puerta, salí y me recosté contra el coche. Me quedé mirando la avenida casi desierta. Encendí un cigarrillo y traté de no pensar. Podía disimular, fingir que no entendía; podía tratar de convencerme de que era realmente la propuesta de un amigo a una amiga de la infancia. Quizá él hubiese estado viajando demasiado tiempo, y empezase a confundir las cosas.

Quizá yo estuviese exagerando.

Él bajó del coche y se sentó a mi lado.

–Me gustaría que fueses a la conferencia esta noche –dijo, una vez más–. Pero si no puedes, lo comprendo.

Eso era. El mundo había dado una vuelta completa, y regresaba al punto de origen. No era nada de lo que pensaba: él ya no insistía, ya estaba dispuesto a dejarme partir. Los hombres enamorados no se comportan de esa manera.

Me sentí aturdida y aliviada al mismo tiempo. Sí, me podía quedar por lo menos un día. Cenaríamos juntos, y nos embriagaríamos un poco, cosa que jamás habíamos hecho cuando éramos niños. Era una buena oportunidad para olvidar las tonterías que había pensado unos minutos antes, una buena oportunidad para romper el hielo que nos había acompañado desde Madrid.

Un día no supondría ninguna diferencia. Por lo menos tendría algo que contarles a mis amigas.

44

—Camas separadas —dije, en tono de broma—. Y tú pagas la cena, porque a esta edad sigo siendo estudiante. No tengo dinero.

Dejamos las maletas en la habitación del hotel, y bajamos y fuimos caminando hasta el local de la conferencia. Llegamos temprano, y nos sentamos en un café.

—Te quiero dar algo —dijo él, entregándome una bolsita roja.

La abrí inmediatamente. Dentro había una medalla vieja y oxidada, con Nuestra Señora de las Gracias en un lado y el Sagrado Corazón de Jesús en el otro.

—Era tuya —dijo al ver mi cara de sorpresa.

Mi corazón empezó de nuevo a dar señales de alarma.

—Un día de otoño como éste, cuando teníamos unos diez años, me senté contigo en la plaza que tiene el roble grande. Yo quería decir algo que había ensayado durante semanas. En cuanto comencé, me dijiste que habías perdido la medalla en la ermita de San Saturio, y me pediste que fuera a buscarla.

Yo me acordaba. Dios mío, claro que me acordaba.

—Logré encontrarla —prosiguió—. Pero cuando regresé a la plaza ya no tenía coraje para decir lo que había ensayado. Entonces me prometí que sólo te entregaría la medalla cuando pudiese terminar la frase que había comenzado a decir aquel día, hace casi veinte años. Durante mucho tiempo intenté olvidar, pero la frase seguía presente. No puedo vivir más con ella.

Dejó el café. Encendió un cigarrillo y se quedó un largo rato mirando la punta. Finalmente se volvió hacia mí.

—Es una frase muy sencilla —dijo—. Te quiero.

A veces nos invade una sensación de tristeza que no logramos controlar, decía él. *Percibimos que el instante mágico de aquel día pasó, y que nada hicimos. Entonces la vida esconde su magia y su arte.*

Tenemos que escuchar al niño que fuimos un día, y que todavía existe dentro de nosotros. Ese niño entiende de momentos mágicos. Podemos reprimir su llanto, pero no podemos acallar su voz.

Ese niño que fuimos un día continúa presente. Bienaventurados los pequeños, porque de ellos es el Reino de los Cielos.

Si no nacemos de nuevo, si no volvemos a mirar la vida con la inocencia y el entusiasmo de la infancia, no tiene sentido seguir viviendo.

Existen muchas maneras de suicidarse. Los que tratan de matar el cuerpo ofenden la ley de Dios. Los que tratan de matar el alma también ofenden la ley de Dios, aunque su crimen sea menos visible a los ojos del hombre.

Prestemos atención a lo que nos dice el niño que tenemos guardado en el pecho. No nos avergoncemos por causa de él. No dejemos que sufra miedo, porque está solo y casi nunca se le escucha.

Permitamos que tome un poco las riendas de nuestra existencia. Ese niño sabe que un día es diferente de otro.

Hagamos que se vuelva a sentir amado. Hagamos que se sienta bien, aunque eso signifique obrar de una manera a la que no estamos acostumbrados, aunque parezca estupidez a los ojos de los demás.

Recuerden que la sabiduría de los hombres es locura ante Dios. Si escuchamos al niño que tenemos en el alma, nuestros ojos volverán a brillar. Si no perdemos el contacto con ese niño, no perderemos el contacto con la vida.

Los colores a mi alrededor empezaron a volverse más intensos; sentía que hablaba más alto, que hacía más ruido cuando dejaba el vaso en la mesa.

Un grupo de casi diez personas había ido directamente de la conferencia a cenar. Todos hablaban al mismo tiempo, y yo sonreía; sonreía porque era una noche diferente. La primera noche, en muchos años, que no había planeado.

¡Qué alegría!

Cuando decidí viajar a Madrid, tenía los sentimientos y las acciones bajo control. De repente, todo había cambiado. Allí estaba yo, en una ciudad que nunca había pisado aunque estaba a menos de tres horas de mi ciudad natal. Sentada ante aquella mesa donde sólo conocía a una persona... y todos hablaban conmigo como si me conociesen desde hacía mucho tiempo. Sorprendida conmigo misma porque era capaz de conversar, beber y divertirme con ellos.

Yo estaba allí porque, de repente, la vida me había dado la Vida. No sentía culpa, ni miedo ni vergüenza. A medida que pasaba el tiempo a su lado, y lo oía hablar, me iba convenciendo de que tenía razón: existen

49

momentos en los que todavía es necesario correr riesgos, dar pasos insensatos.

«Me paso días y días delante de esos libros y cuadernos, haciendo un esfuerzo sobrehumano para comprar mi propia esclavitud –pensé–. ¿Por qué quiero ese empleo? ¿Qué me va a aportar como ser humano o como mujer?»

Nada. Yo no había nacido para pasar el resto de mi vida sentada ante un escritorio, ayudando a los jueces a resolver sus procesos.

«No puedo pensar así sobre mi vida. Tendré que volver a ella esta misma semana.»

Debía de ser el efecto del vino. A fin de cuentas, el que no trabaja no come.

«Esto es un sueño. Se acabará.»

Pero ¿cuánto tiempo puedo prolongar este sueño? Por primera vez pensé en acompañarlo hasta las montañas en los días siguientes. Al fin y al cabo, había varios días de fiesta seguidos.

–¿Quién eres? –preguntó una bella mujer que estaba en nuestra mesa.

–Una amiga de la infancia –respondí.

–¿Ya hacía estas cosas cuando era niño? –prosiguió.

–¿Qué cosas?

Pareció que la conversación de la mesa menguaba, se apagaba.

–Ya sabes –insistió la mujer–. Los milagros.

–Él ya sabía hablar bien –respondí, sin entender lo que me decía

Todos se rieron, incluso él. Me quedé sin saber el motivo de esa risa. Pero el vino me liberaba, y no necesitaba controlar todo lo que sucedía.

Callé, miré alrededor, hice un comentario cualquiera sobre un asunto que olvidé en seguida. Y volví a pensar en los días festivos.

Era bueno estar allí, conociendo gente nueva. Las personas discutían cosas serias entre los comentarios graciosos, y yo tenía la sensación de estar participando en lo que ocurría en el mundo. Al menos por esa noche no era una mujer que asiste a la vida mediante la televisión o los periódicos.

Cuando volviese a Zaragoza tendría muchas cosas que contar. Si aceptaba la invitación para el día de la Inmaculada, quizá podría vivir un año entero de nuevos recuerdos.

«Él tenía toda la razón para no atender a mi conversación sobre Soria», pensé. Y sentí pena de mí misma: hacía años que el cajón de mi memoria guardaba las mismas historias.

—Bebe un poco más —dijo un hombre de pelo blanco, llenándome el vaso.

Bebí. Pensé en las pocas cosas que tendría para contar a mis hijos y nietos.

—Cuento contigo —dijo él, de modo que solamente yo pudiera oírlo—. Vamos hasta Francia.

El vino me dejaba más libre para decir lo que pensaba.

—Sólo si podemos dejar bien en claro una cosa —respondí.

—¿Qué?

—Aquello que me dijiste antes de la conferencia. En el café.

—¿La medalla?

—No —respondí, mirándolo a los ojos y haciendo lo posible para parecer sobria—. Aquello que dijiste.

—Después hablamos —dijo él, cambiando de tema.

La declaración de amor. No habíamos tenido tiempo para charlar, pero podría convencerlo de que no era nada de aquello.

–Si quieres que viaje contigo, tienes que escucharme –dije.

–No quiero conversar aquí. Nos estamos divirtiendo.

–Tú te fuiste muy pronto de Soria –insistí–. Yo no soy más que un lazo con tu tierra. Te acerqué a tus raíces, y eso te dio fuerzas para seguir adelante. Pero ya está. No puede existir ningún amor.

Él me escuchó sin hacer ningún comentario. Alguien lo llamó para oír su opinión, y no pude seguir con la conversación.

«Por lo menos he dejado claro lo que pienso», me dije. No podía existir semejante amor; eso sólo ocurría en los cuentos de hadas.

Porque, en la vida real, el amor necesita ser posible. Incluso aunque no haya una retribución inmediata, el amor sólo consigue sobrevivir cuando existe la esperanza –por lejana que sea– de que conquistaremos a la persona amada.

El resto es fantasía.

Como si hubiese adivinado mi pensamiento, levantó el vaso para brindar conmigo desde el otro lado de la mesa.

–¡Por el amor! –dijo.

También estaba un poco embriagado. Decidí aprovechar la oportunidad.

–Por los sabios, capaces de entender que ciertos amores son locuras de la infancia –dije.

–El que es sabio, sólo es sabio porque ama. El que es loco, sólo es loco porque piensa que puede entender el amor –respondió él.

Las demás personas de la mesa oyeron el comentario, y en seguida comenzó una animada conversación sobre el amor. Todos tenían una opinión formada, defendían sus puntos de vista con uñas y dientes, y fueron necesarias varias botellas de vino para calmarlos. Finalmente alguien dijo que ya era tarde y que el dueño del restaurante quería cerrar.

–Tendremos cinco días festivos –gritó alguien en otra mesa–. ¡Si el dueño quiere cerrar el restaurante es porque vosotros estabais hablando de temas serios!

Todos se rieron, menos él.

–¿Dónde deberíamos hablar de temas serios? –preguntó al borracho de la otra mesa.

–¡En la iglesia! –dijo el borracho.

Y esta vez el restaurante entero estalló en una carcajada.

Él se levantó. Pensé que iba a pelear, porque todos habíamos vuelto a la adolescencia, donde las peleas son parte de la noche, junto con los besos, las caricias en sitio prohibido, la música y la alta velocidad.

Pero todo lo que hizo fue cogerme de la mano e ir hacia la puerta.

–Es mejor que nos vayamos –dijo–. Se está haciendo tarde.

Llueve en Bilbao, y llueve en el mundo. Quien ama necesita saber perderse y encontrarse. Él logra equilibrar bien las dos partes. Está alegre, y canta mientras volvemos hacia el hotel.

Son los locos que inventaron el amor

Todavía con la sensación del vino, y de los colores intensos, me voy equilibrando poco a poco. Necesito mantener el control de la situación, porque quiero viajar estos días.

Será fácil mantener ese control, ya que no estoy enamorada. Quien puede dominar su corazón, puede conquistar el mundo.

Con un poema y un trombón
a develarte el corazón, dice la letra.

«Me gustaría no controlar mi corazón», pienso. Si lograra entregarlo, aunque sólo fuera por un fin de semana, esta lluvia que me cae en el rostro tendría otro sabor. Si amar fuese fácil, yo estaría abrazada a él y la letra de la canción contaría una historia que es nuestra historia. Si no existiera Zaragoza después de los días de fiesta, yo desearía que el efecto de la bebida no pasase nunca, y sería libre para besarlo, acariciarlo, decir y escuchar las cosas que se dicen los enamorados.

Pero no. No puedo.

No quiero.

Salgamos a volar, querida mía, dice la letra. Sí, salgamos a volar. Dentro de mis condiciones.

Él todavía no sabe que mi respuesta a su invitación es «sí». ¿Por qué quiero correr este riesgo? Porque en este momento estoy borracha, y cansada de mis días iguales.

Pero este cansancio pasará. Después tendré deseos de volver a Zaragoza, la ciudad que escogí para vivir. Me esperan los estudios, me espera un concurso público. Me espera un marido que necesito encontrar, y que no será difícil.

Me espera una vida sosegada, con hijos y nietos, con un presupuesto equilibrado y vacaciones anuales. No conozco los terrores de él, pero conozco los míos. No necesito miedos nuevos, basta con los que ya tengo.

No podría, nunca, enamorarme de alguien como él. Lo conozco demasiado bien, vivimos juntos mucho tiempo, sé de sus flaquezas y de sus temores. No logro admirarlo como las demás personas.

Sé que el amor es como las presas: si se deja una brecha por donde pueda meterse un hilo de agua, en seguida empieza a destruir las paredes. Llega un momento en que ya nadie puede controlar la fuerza de la corriente.

Si las paredes se desmoronan, el amor se encarga de todo; ya no importa qué es posible y qué imposible, ya no importa si podemos o no mantener a la persona amada a nuestro lado: amar es perder el control.

No, no puedo dejar una brecha. Por pequeña que sea.

—¡Un momento!

Él dejó inmediatamente de cantar. Los pasos rápidos reverberaban en el suelo mojado.

—Vamos —dijo, cogiéndome del brazo.

—¡Espere! —gritó un hombre—. ¡Necesito hablar con usted!

Pero él andaba cada vez más rápido.

—No se dirige a nosotros —dijo—. Vamos al hotel.

Se dirigía a nosotros: no había nadie más en aquella calle. Mi corazón se disparó, y el efecto de la bebida desapareció de inmediato. Recordé que Bilbao quedaba en el País Vasco, y que los atentados terroristas eran frecuentes. Los pasos se fueron acercando.

—Vamos —dijo él, acelerando todavía más el paso.

Pero era tarde. La figura del hombre, mojado de la cabeza a los pies, se interpuso en nuestro camino.

—¡Paren, por favor! —dijo el hombre—. Por el amor de Dios.

Yo estaba aterrorizada, buscando la manera de huir, un coche policial que apareciese milagrosamente. De un modo instintivo, agarré su brazo, pero él me apartó las manos.

—Por favor —dijo el hombre—. Supe que usted estaba en la ciudad. Necesito su ayuda. ¡Es mi hijo!

El hombre comenzó a llorar, y se arrodilló en el suelo.

—Por favor —decía—. ¡Por favor!

Él respiró hondo, bajó la cabeza y cerró los ojos. Durante unos instantes permaneció en silencio, y todo lo que se oía era el ruido de la lluvia mezclado con los sollozos del hombre arrodillado en la calle.

—Vete al hotel, Pilar —dijo finalmente—. Y duerme. No regresaré hasta el amanecer.

lunes, 6 de diciembre de 1993

lunes, 5 de diciembre de 1992

El amor está lleno de trampas. Cuando quiere manifestarse, muestra apenas su luz, y no nos permite ver las sombras que esa luz provoca.

—Mira la tierra a nuestro alrededor —dijo—. Vamos a acostarnos en el suelo, a sentir los latidos del corazón del planeta.

—Más adelante —respondí—. No puedo ensuciar la única chaqueta que traje.

Caminamos a través de los olivares. Después de la lluvia del día anterior en Bilbao, el sol de la mañana me producía una sensación de sueño. Yo no tenía gafas oscuras: como pensaba regresar a Zaragoza el mismo día, no había traído nada. Tuve que dormir con una camisa que él me prestó, y compré una camiseta en la esquina del hotel para, al menos, poder lavar la que estaba usando.

—Debes de estar asqueado de verme con la misma ropa —dije, bromeando, para ver si un asunto tan banal me traía de vuelta a la realidad.

—Yo estoy feliz porque tú estás aquí.

No había vuelto a hablar de amor desde que me había entregado la medalla, pero estaba de buen humor, y parecía que había vuelto a los dieciocho años. Anda-

ba a mi lado, sumergido también en la claridad de esa mañana.

–¿Qué tienes que hacer allí? –pregunté, señalando las montañas de los Pirineos, en el horizonte.

–Detrás de aquellas montañas está Francia –respondió, sonriendo.

–Yo estudié geografía. Sólo quiero saber por qué tenemos que ir hasta allí.

Él se quedó un rato callado, sonriendo apenas.

–Para que veas una casa. Quien sabe se interesa por ella.

–Si estás pensando en convertirte en agente inmobiliario, olvídalo. No tengo dinero.

A mí tanto me daba ir a un pueblo de Navarra como a Francia. Lo único que no quería era pasar los días de fiesta en Zaragoza.

«¿Te das cuenta? –oí que le decía mi cerebro a mi corazón–. Estás contenta de haber aceptado la invitación. Has cambiado, y no lo percibes.»

No, no cambié nada. Sólo me aflojé un poco.

–Fíjate en las piedras del suelo.

Eran redondas, sin aristas. Parecían guijarros marinos. Aunque el mar nunca había estado allí, en los campos de Navarra.

–Los pies de los trabajadores, los pies de los peregrinos, los pies de los aventureros moldearon estas piedras –dijo él–. Las piedras cambiaron, y también los viajeros.

–Todo lo que sabes ¿te lo enseñaron los viajes?

–No. Fueron los milagros de la Revelación.

No entendí, y no intenté profundizar. Estaba concentrada en el sol, en el campo, en las montañas del horizonte.

–¿Hacia dónde vamos ahora? –pregunté.

–Hacia ningún lugar. Estamos aprovechando la mañana, el sol, el bello paisaje. Tenemos por delante un largo viaje en coche.

Vaciló un instante, y luego preguntó:

–¿Guardaste la medalla?

–La guardé –dije, y empecé a caminar más rápido. No quería que tocase ese tema: podía estropear la alegría y la libertad de esa mañana.

Aparece un pueblo. Está, como las ciudades medievales, en la cima de un morro, y veo, a la distancia, la torre de su iglesia y las ruinas de un castillo.

–Vamos hasta allí –sugiero.

Él duda un instante, pero acepta. Hay una capilla en el camino, y tengo deseos de entrar en ella. Ya no sé rezar, pero el silencio de las iglesias me tranquiliza siempre.

«No te sientas culpable –me digo–. Si él está enamorado es problema suyo.»

Preguntó por la medalla. Sé que esperaba que volviésemos a la conversación del café. Al mismo tiempo, tenía miedo de escuchar lo que no quería oír; por eso no tomaba la iniciativa y no tocaba el tema.

Quizá me amara realmente. Pero conseguiríamos transformar ese amor en algo diferente, en algo más profundo.

«Ridículo –pensé–. No existe nada más profundo que el amor. En los cuentos infantiles, las princesas besan a los sapos, que se transforman en príncipes. En la vida real, las princesas besan a los príncipes, que se transforman en sapos.»

Después de casi media hora de caminata, llegamos a la capilla. Hay un viejo sentado en la escalera.

Es la primera persona que vemos desde que empezamos a caminar: ha llegado el final del otoño, y los campos están de nuevo entregados al Señor, que fertiliza la tierra con su bendición y permite que el hombre arranque su sustento con el sudor de la frente.

–Buenos días –le dice al hombre.

–Buenos días.

–¿Cómo se llama aquel pueblo?

–San Martín de Unx.

–¿Unx? –digo–. ¡Parece el nombre de un gnomo!

El viejo no entiende la broma. Camino hasta la puerta de la capilla.

–No puede entrar –dice el viejo–. Cierro al mediodía. Si quiere, puede volver a las cuatro de la tarde.

La puerta está abierta. Veo el interior, aunque no con nitidez a causa de la claridad del día.

–Sólo un minuto. Me gustaría rezar una oración.

–Lo siento mucho. Ya está cerrada.

Él escucha mi conversación con el viejo. No dice nada.

–Está bien, nos vamos –digo–. No vale la pena discutir.

Él sigue mirándome; sus ojos están vacíos, distantes.

—¿No quieres ver la capilla? —pregunta.

Sé que no le ha gustado mi actitud. Le debo de parecer floja, cobarde, incapaz de luchar por lo que quiero. Sin necesidad de un beso, la princesa se transforma en sapo.

—Acuérdate de ayer —digo—. Tú cerraste la conversación en el bar porque no tenías ganas de discutir. Ahora, cuando yo hago lo mismo, me censuras.

El viejo contempla, impasible, nuestra discusión. Debe de estar contento de que ocurra algo allí, delante de él, en un sitio donde todas las mañanas, todas las tardes y todas las noches son iguales.

—La puerta de la iglesia está abierta —dice él, dirigiéndose al viejo—. Si quiere dinero, algo le podemos dar. Pero ella quiere ver la iglesia.

—Ya es tarde.

—Muy bien. Entraremos de cualquier modo.

Él me coge del brazo y entra conmigo.

Mi corazón se dispara. El viejo puede volverse agresivo, llamar a la policía, arruinar nuestro viaje.

—¿Por qué haces esto?

—Porque quieres ir a la capilla —es su respuesta.

Pero no logro concentrarme en lo que hay allí; esa discusión, y mi actitud, han roto el encanto de una mañana casi perfecta.

Mi oído está atento a lo que pasa fuera: imagino continuamente al viejo saliendo y a la policía del pueblo llegando. Invasores de capillas. Ladrones. Están haciendo algo prohibido, violando la ley. ¡El viejo dijo que estaba cerrada, que no era hora de visita! Él es un pobre viejo que no nos puede impedir que entremos, y la policía será más dura porque no respetamos a un anciano.

64

Me quedo allí dentro sólo el tiempo necesario para mostrar que cumplo con mi voluntad. El corazón me sigue latiendo con tanta fuerza que tengo miedo de que él me oiga.

—Podemos marcharnos —digo, cuando ha pasado el tiempo que yo calculo necesario para rezar un avemaría.

—No tengas miedo, Pilar. Tú no puedes «representar».

Yo no quería que el problema con el viejo se transformase en un problema con él. Necesitaba conservar la calma.

—No sé qué es eso de «representar» —respondo.

—Ciertas personas viven peleadas con alguien, peleadas con ellas mismas, peleadas con la vida. Así, empiezan a montar una especie de pieza teatral en su cabeza, y escriben el guión según sus frustraciones.

—Yo conozco a mucha gente así. Sé de lo que estás hablando.

—Y lo peor es que no pueden representar esa pieza de teatro solas —prosigue—. Entonces comienzan a convocar a otros actores. Es lo que hizo ese sujeto. Quería vengarse de algo, y nos escogió a nosotros. Si hubiésemos aceptado su prohibición, ahora nos sentiríamos arrepentidos y derrotados. Habríamos pasado a formar parte de su vida mezquina y de sus frustraciones. La agresión de ese señor era visible, y resultó fácil evitar entrar en su juego. Hay otras personas que nos «convocan» cuando comienzan a comportarse como víctimas, quejándose de las injusticias de la vida, pidiendo que los demás estén de acuerdo, den consejos, participen.

Me miró a los ojos.

—Cuidado —dijo—. Cuando se entra en ese juego, siempre se sale perdiendo.

Él tenía razón. A pesar de eso, no me sentía muy cómoda allí dentro.

–Ya recé. Ya hice lo que quería. Ahora podemos salir.

Salimos. El contraste entre la oscuridad de la capilla y el fuerte sol de fuera me ciega por momentos. Cuando mis ojos se acostumbran, descubro que ya no está el viejo.

–Vamos a almorzar –dice él, andando hacia la ciudad.

Bebo dos vasos de vino en el almuerzo. Nunca bebí tanto en mi vida. Me estoy volviendo alcohólica.

«Qué exageración.»

Él charla con el camarero. Descubre que existen varias ruinas romanas en las cercanías. Trato de seguir la conversación, pero no consigo ocultar el mal humor.

La princesa se ha convertido en sapo. ¿Qué importancia tiene esto? ¿A quién necesito probarle algo si no busco nada, ni hombre ni amor?

«Ya lo sabía –pienso–. Sabía que iba a desequilibrar mi mundo. El cerebro avisó, pero el corazón no quiso seguir su consejo.»

Tuve que pagar un precio alto para conseguir lo poco que tengo. Debí renunciar a tantas cosas que deseaba, apartarme de tantos caminos que se me presentaban... Sacrifiqué mis sueños en nombre de un sueño mayor: la paz de espíritu. No quiero apartarme de esa paz.

–Estás tensa –dice él, interrumpiendo la conversación con el camarero.

–Sí, lo estoy. Creo que aquel viejo fue a llamar a la policía. Creo que esta ciudad es pequeña, y ellos saben dónde estamos. Creo que esa obstinación tuya por almorzar aquí puede acabar con nuestras vacaciones.

Hace girar el vaso de agua mineral. Debe de saber que no es ése el motivo, que en realidad estoy avergonzada. ¿Por qué hacemos esto con nuestras vidas? ¿Por qué vemos la paja en el ojo ajeno y no vemos las montañas, los campos y los olivares?

—Escucha: no va a pasar nada de eso —dice él—. El viejo ya ha regresado a su casa, y ya no se acuerda del episodio. Confía en mí.

«No estoy tensa por eso, tonto», pienso.

—Escucha más tu corazón —prosigue.

—Eso es exactamente lo que hago: escucho —respondo—. Y prefiero salir de aquí. No me siento cómoda.

—No bebas más durante el día. No ayuda nada.

Hasta este momento me he estado controlando. Ahora es mejor decir todo lo necesario.

—Crees que lo sabes todo —digo—. Que entiendes de instantes mágicos, de niños interiores. No sé qué haces a mi lado.

Él se ríe.

—Te admiro —dice—. Y admiro la lucha que estás librando contra tu corazón.

—¿Qué lucha?

—Nada —responde.

Pero sé a qué se refiere.

—No te hagas ilusiones —contesto—. Si quieres, podemos hablar de eso. Estás engañado con respecto a mis sentimientos.

Él deja de mover el vaso y me mira a la cara.

—No lo estoy. Sé que tú no me amas.

Eso me deja todavía más desorientada.

68

—Pero voy a luchar por eso —continúa—. Hay cosas en la vida por las que vale la pena luchar hasta el fin.

Sus palabras me dejan sin respuesta.

—Tú vales la pena —dice.

Yo aparto la mirada, y finjo estar interesada en la decoración del restaurante. Me estaba sintiendo sapo, y vuelvo a ser princesa.

«Quiero creer en sus palabras —pienso, mientras miro un cuadro con pescadores y barcos—. No van a cambiar nada, pero por lo menos no me sentiré tan débil, tan incapaz.»

—Disculpa mi agresividad —digo.

Él sonríe. Llama al camarero y paga la cuenta.

En el camino de regreso me siento más confusa. Puede ser el sol, pero no, es otoño y el sol no calienta nada. Puede ser el viejo, pero el viejo ha salido de mi vida hace ya algún tiempo.

Puede ser todo eso nuevo. Zapato nuevo molesta. La vida no es diferente: nos coge desprevenidos y nos obliga a caminar hacia lo desconocido cuando no queremos, cuando no lo necesitamos.

Trato de concentrarme en el paisaje, pero ya no logro ver los olivares, el pueblo del monte, la capilla con un viejo en la puerta. Nada de eso me resulta familiar.

Recuerdo la borrachera de ayer, y la canción que él me cantaba:

Las tardecitas de Buenos Aires tienen ese no sé...
¿qué sé yo?
Viste, salí de tu casa, por Arenales...

¿Por qué Buenos Aires si estábamos en Bilbao? ¿Qué calle es ésta, Arenales? ¿Qué quería él?

–¿Qué canción es esa que cantabas ayer? –pregunto.

–*Balada para un loco* –dice–. ¿Por qué no me lo has preguntado hasta hoy?

–Por nada –contesto.

Pero sí, hay un motivo. Sé que él cantó esa canción porque es una trampa. Me hizo memorizar la letra, y yo tengo que memorizar la materia para el examen. Podría haber cantado una canción conocida, que yo hubiese oído miles de veces, pero prefirió algo que no hubiese escuchado nunca.

Es una trampa. Así, cuando más adelante suene esa música en la radio, o en un disco, me acordaré de él, de Bilbao, de la época en que el otoño de mi vida se transformó de nuevo en primavera. Recordaré la excitación, la aventura, y la criatura que renació sabe Dios de dónde.

Él pensó todo esto. Él es sabio, tiene experiencia, ha vivido, sabe conquistar a la mujer que desea.

«Me estoy volviendo loca», me digo. Siento que soy alcohólica porque he bebido dos días seguidos. Siento que él sabe todos los trucos. Siento que me domina y me gobierna con su dulzura.

«Admiro la lucha que estás librando con tu corazón», me dijo en el restaurante.

Pero se engaña. Porque ya luché y vencí a mi corazón hace mucho tiempo. No me voy a enamorar de lo imposible.

Conozco mis límites, y mi capacidad de sufrimiento.

–Háblame de algo –digo, cuando emprendemos el regreso hacia el coche.

–¿De qué?

–De cualquier cosa. Conversa conmigo.

70

Empieza a contarme algo acerca de las apariciones de la Virgen María en Fátima. No sé de dónde ha sacado ese tema, pero consigue distraerme con la historia de los tres pastores que conversan con Ella.

Al rato mi corazón se tranquiliza. Sí, conozco bien mis límites, y sé dominarme.

Llegamos de noche, con una niebla tan fuerte que costaba distinguir dónde estábamos. Yo divisaba apenas una pequeña plaza, un farol, algunas casas medievales mal iluminadas por la luz amarilla, y una fuente.

—¡La niebla! —dijo, excitado.

Yo no entendía.

—Estamos en Saint-Savin —explicó.

El nombre no me decía nada. Pero estábamos en Francia, y eso me excitaba.

—¿Por qué este lugar? —pregunté.

—Por la casa que quiero venderte —contestó él, riendo—. Además, prometí que volvería el día de la Inmaculada Concepción.

—¿Aquí?

—Aquí cerca.

Detuvo el coche. Al bajar, me cogió de la mano y empezamos a caminar entre la niebla.

—Este lugar entró en mi vida de un modo inesperado —dijo.

«Tú también», pensé.

—Aquí, un día, sentí que había perdido mi camino. Y no era así: en realidad lo había reencontrado.

—Dices cosas muy enigmáticas —dije.

–Fue aquí donde entendí la falta que hacías en mi vida.

Volví a mirar alrededor. No podía entender por qué.

–¿Qué tiene esto que ver con tu camino?

–Vamos a conseguir una habitación, pues los dos únicos hoteles de este pueblo sólo funcionan en el verano. Después cenaremos en un buen restaurante, sin tensión, sin miedo a la policía, sin necesidad de volver corriendo al coche.

»Y cuando el vino suelte nuestras lenguas, conversaremos mucho.

Nos reímos juntos. Yo ya estaba más relajada. Durante el viaje, me había dado cuenta de las tonterías que estaba pensando. Al cruzar la cadena de montañas que separa Francia de España, pedí a Dios que lavase mi alma de toda tensión y miedo.

Ya me había cansado de hacer ese papel infantil, igual al de muchas de mis amigas, que temían el amor imposible pero no sabían exactamente qué era el «amor imposible». Si seguía así, perdería todo lo bueno que me podían dar aquellos días junto a él.

«Cuidado –pensé–. Cuidado con la brecha en la presa. Si se abre apenas, nada de este mundo podrá cerrarla.»

–Que la Virgen nos proteja de aquí en adelante –dijo él.

Yo no respondí.

–¿Por qué no dices «amén»? –preguntó.

–Porque ya no me parece tan importante. Hubo una época en la que la religión formaba parte de mi vida, pero ese tiempo pasó.

Él dio media vuelta y empezamos a caminar, regresando hacia el coche.

–Todavía rezo –proseguí–. Lo hice cuando cruzábamos los Pirineos. Pero es algo automático, y no sé si creo mucho.

—¿Por qué?

—Porque sufrí, y Dios no me escuchó. Porque muchas veces en mi vida intenté amar con todo mi corazón, y el amor terminó siendo pisoteado, traicionado. Si Dios es amor, debería cuidar mejor de mi sentimiento.

—Dios es amor. Pero quien entiende mucho del tema es la Virgen.

Solté una carcajada. Cuando volví a mirarlo, descubrí que estaba serio: no había sido un chiste.

—La Virgen entiende el misterio de la entrega total —prosiguió—. Y, por haber amado y sufrido, nos liberó del dolor. De la misma manera en que Jesús nos liberó del pecado.

—Jesús era hijo de Dios. La Virgen fue apenas una mujer que tuvo la gracia de recibirlo en su vientre —contesté. Quería reparar la risa inoportuna, quería que supiese que respetaba su fe. Pero la fe y el amor no se discuten, especialmente en un pueblo tan bonito como aquél.

Abrió la puerta del coche y cogió las dos bolsas. Cuando intenté quitarle mi equipaje de las manos, sonrió.

—Déjame llevártelo —dijo.

«Cuánto tiempo hace que nadie me trata así», pensé.

Llamamos a la primera puerta; una mujer nos dijo que no alquilaba habitaciones. En la segunda puerta no nos atendió nadie. En la tercera, un viejecito gentil nos recibió bien, pero cuando miramos la habitación vimos que sólo tenía una cama de matrimonio. Yo me negué.

74

–Quizá convenga que vayamos a una ciudad más grande –sugerí cuando salíamos.

–Vamos a conseguir una habitación –respondió él–. ¿Conoces el ejercicio del Otro? Pertenece a una historia escrita hace cien años, cuyo autor...

–Olvida al autor y cuéntame la historia –dije mientras andábamos por la única plaza de Saint-Savin.

–Un sujeto encuentra a un viejo amigo, que vive tratando de acertar en la vida, sin resultado. «Voy a tener que darle un poco de dinero», piensa. Sucede que, esa noche, descubre que su amigo es rico, y que ha venido a pagar todas las deudas que ha contraído en el correr de los años.

Van hasta un bar que solían frecuentar juntos, y él paga la bebida de todos. Cuando le preguntan la razón de tanto éxito, él responde que hasta unos días antes había estado viviendo el Otro.

–¿Qué es el Otro? –preguntan.

–El Otro es aquel que me enseñaron a ser, pero que no soy yo. El Otro cree que la obligación del hombre es pasar la vida entera pensando en cómo reunir dinero para no morir de hambre al llegar a viejo. Tanto piensa, y tanto planifica, que sólo descubre que está vivo cuando sus días en la tierra están a punto de terminar. Pero entonces ya es demasiado tarde.

–Y tú ¿quién eres?

–Yo soy lo que es cualquiera de nosotros, si escucha su corazón. Una persona que se deslumbra ante el misterio de la vida, que está abierta a los milagros, que siente alegría y entusiasmo por lo que hace. Sólo que el Otro, temiendo desilusionarse, no me dejaba actuar.

–Pero existe el sufrimiento –dicen las personas del bar.

–Existen derrotas. Pero nadie está a salvo de ellas. Por eso, es mejor perder algunos combates en la lucha por nuestros sueños que ser derrotado sin siquiera saber por qué se está luchando.

–*¿Sólo eso? –preguntan las personas del bar.*

–*Sí. Cuando descubrí eso, decidí ser lo que realmente siempre deseé. El Otro se quedó allí, en mi habitación, mirándome, pero no lo dejé entrar nunca más, aunque algunas veces intentó asustarme, alertándome de los riesgos de no pensar en el futuro.*

»*Desde el momento en que expulsé al Otro de mi vida, la energía divina obró sus milagros.*

«Creo que él inventó esa historia. Quizá sea bonita, pero no es verdadera», pensé, mientras seguíamos buscando un sitio para pernoctar. Saint-Savin no tenía más de treinta casas, y pronto tendríamos que hacer lo que yo había sugerido: ir a una ciudad más grande.

Por mucho entusiasmo que él tuviese, por más que el Otro ya se hubiese alejado de su vida, los habitantes de Saint-Savin no sabían que su sueño era dormir allí esa noche, y no lo iban a ayudar en nada. Entretanto, mientras él contaba la historia, yo tenía la sensación de estar viéndome a mí misma: los miedos, la inseguridad, la voluntad de no descubrir todo lo que es maravilloso, porque mañana puede acabarse, y vamos a sufrir.

Los dioses juegan a los dados, y no preguntan si queremos participar en el juego. No quieren saber si has dejado a un hombre, una casa, un trabajo, una carrera, un sueño. Los dioses no se fijan en el hecho de que tienes una vida en la que cada cosa está en su sitio, y cada deseo puede ser alcanzado con trabajo y perseverancia. Los dioses no tienen en cuenta nuestros planes y nuestras esperanzas; en algún lugar del universo, juegan a los dados, y por accidente resultas

76

escogido. A partir de ese momento, ganar o perder es sólo cuestión de oportunidad.

Los dioses juegan a los dados, y liberan el Amor de su jaula. Esa fuerza que puede crear o destruir, según la dirección en que esté soplando el viento en el momento en que sale de su prisión.

Por ahora el viento soplaba hacia el lado de él. Pero los vientos son tan caprichosos como los dioses y, en el fondo de mi ser, empezaba a sentir algunas ráfagas.

Como si el destino quisiera mostrarme que la historia del Otro era verdadera –y el universo siempre conspira a favor de los soñadores–, encontramos una casa para pernoctar, en la que había una habitación con dos camas separadas. Mi primera providencia fue tomar un baño, lavarme la ropa y ponerme la camiseta que había comprado. Me sentí nueva, y eso me dio más seguridad.

«A lo mejor a la Otra no le gusta esta camiseta», pensé, riéndome para mis adentros.

Después de cenar con los dueños de la casa –los restaurantes también estaban cerrados durante el otoño y el invierno–, él pidió una botella de vino, prometiendo comprar otra al día siguiente.

Nos pusimos la chaqueta, pedimos dos vasos prestados y salimos.

–Vamos a sentarnos en el borde de la fuente –dije.

Nos quedamos allí, bebiendo para alejar el frío y la tensión.

–Parece que el Otro ha vuelto a encarnarse en ti –bromeé–. Tu humor ha empeorado.

Él se rió.

–Dije que conseguiríamos una habitación y la conseguimos. El universo siempre nos ayuda a luchar por nuestros sueños, por locos que parezcan. Porque son nuestros sueños, y sólo nosotros sabemos cuánto nos cuesta soñarlos.

La niebla, que el farol teñía de amarillo, no nos dejaba ver bien el otro lado de la plaza.

Respiré hondo. No se podía postergar más el tema.

—Quedamos en hablar del amor —dije—. No podemos seguir eludiendo el asunto. Tú sabes cómo he pasado estos días.

»Por mí, este tema no habría surgido. Pero ya que se presentó, no puedo dejar de pensar en él.

—Amar es peligroso.

—Sé de eso —respondí—. Ya conocí el amor. Amar es como una droga. Al principio hay una sensación de euforia, de entrega total. Después, al día siguiente, quieres más. Todavía no te has enviciado, pero te ha gustado la sensación, y te parece que puedes mantenerla bajo control. Piensas en la persona amada durante dos minutos y la olvidas durante tres horas.

»Pero al poco tiempo te acostumbras a esa persona, y pasas a depender totalmente de ella. Entonces piensas en ella durante tres horas y la olvidas durante dos minutos. Si no está cerca, experimentas las mismas sensaciones que los viciosos cuando no consiguen droga. En ese momento, así como los viciosos roban y se humillan para conseguir lo que necesitan, tú estás dispuesto a hacer cualquier cosa por el amor.

—Qué ejemplo tan horrible —dijo él.

Era realmente un ejemplo horrible, que no combinaba con el vino ni con la fuente ni con las casas medievales que rodeaban la pequeña plaza. Pero era verdad. Si él había dado tantos pasos por culpa del amor, necesitaba conocer los riesgos.

–Por eso, sólo debemos amar a quien podemos tener cerca –concluí.

Él se quedó un largo rato mirando la niebla. Parecía que ya no volvería a pedir que navegásemos por las peligrosas aguas de una conversación sobre el amor. Yo estaba actuando con dureza, pero no había alternativa.

«Cerramos el asunto», pensé. La convivencia de tres días –y encima viéndome usar la misma ropa todo el tiempo– fue suficiente para hacerle cambiar de idea. Mi orgullo de mujer se sintió herido, pero mi corazón latió más aliviado.

«¿Será esto lo que quiero?»

Porque ya empezaba a sentir las tempestades que traen consigo los vientos del amor. Ya empezaba a notar una grieta en la pared de la presa.

Nos quedamos un largo rato bebiendo, sin conversar de cosas serias. Hablamos de los dueños de la casa y del santo que había fundado aquel pueblo. Me contó algunas leyendas sobre la iglesia del otro lado de la plaza, que yo apenas podía distinguir a causa de la niebla.

–Estás distraída –dijo en cierto momento.

Sí, mi mente estaba volando. Me gustaría estar allí con alguien que me dejase el corazón en paz, alguien con quien pudiese vivir aquel momento sin miedo de perderlo al día siguiente. Así el tiempo pasaría más despacio; podríamos quedarnos en silencio, ya que tendríamos el resto de la vida para conversar. Yo no tendría que estar preocupándome de temas serios, decisiones difíciles, palabras duras.

Estamos en silencio, y eso es una señal. Por primera vez estamos en silencio, aunque sólo ahora me he dado cuenta, cuando él se ha levantado para buscar otra botella de vino.

Estamos en silencio. Oigo el ruido de sus pasos mientras regresa a la fuente donde estamos juntos desde hace más de una hora, bebiendo y mirando la niebla.

Por primera vez estamos en silencio de verdad. No es el silencio incómodo del coche, cuando viajábamos de Madrid a Bilbao. No es el silencio de mi corazón asustado, cuando estábamos en la capilla cerca de San Martín de Unx.

Es un silencio que habla. Un silencio que me dice que ya no necesitamos seguir explicándonos cosas el uno al otro.

Sus pasos han cesado. Me está mirando, y debe de ser bonito lo que ve: una mujer sentada en el borde de una fuente, en una noche de niebla, a la luz de un farol.

Las casas medievales, la iglesia del siglo XI y el silencio.

La segunda botella de vino ya casi está por la mitad cuando decido hablar.

—Esta mañana ya estaba convencida de que soy alcohólica. Bebo el día entero. En estos tres días he bebido más que todo el año pasado.

Él me pasa la mano por la cabeza sin decir nada. Siento la caricia, y no hago nada por apartarlo.

—Cuéntame un poco de tu vida —le pido.

—No tengo grandes misterios. Existe mi camino, y hago lo posible por recorrerlo con dignidad.

—¿Cuál es tu camino?

—El camino de quien busca el amor.

Se queda un momento jugueteando con la botella casi vacía.

—Y el amor es un camino complicado —concluye.

—Porque en ese camino las cosas nos llevan al cielo o nos tiran al infierno —digo, sin tener la certeza de que se está refiriendo a mí.

Él no dice nada. Quizá esté todavía sumergido en el océano del silencio, pero el vino me suelta de nuevo la lengua, y siento necesidad de hablar.

—Dices que algo aquí, en esta ciudad, cambió tu rumbo.

–Creo que me cambió. No estoy totalmente seguro, por eso quería traerte aquí.

–¿Es una prueba?

–No. Es una entrega. Para que ella me ayude a tomar la mejor decisión.

–¿Quién?

–La Virgen.

La Virgen. Tendría que haberme dado cuenta. Me quedo impresionada de ver cómo tantos años de viajes, de descubrimientos, de nuevos horizontes, no lo han liberado del catolicismo de la infancia. Al menos en eso, yo y nuestros amigos habíamos evolucionado mucho: ya no vivíamos con el peso de la culpa y de los pecados.

–Es impresionante que, después de todo lo que has pasado, sigas conservando la misma fe.

–No la he conservado. La perdí y la recuperé.

–Pero ¿en Vírgenes? ¿En cosas imposibles y fantasiosas? ¿No tuviste una vida sexual activa?

–Normal. Me enamoré de muchas mujeres.

Siento un poco de celos, y me sorprendo de mi propia reacción. Pero la lucha anterior parece haberse apaciguado, y no quiero volver a despertarla.

–¿Por qué ella es «la Virgen»? ¿Por qué no nos presentan a Nuestra Señora como una mujer normal, igual a las demás?

Él termina de beber lo poco que queda en la botella. Me pregunta si quiero que vaya a buscar una más, y digo que no.

–Quiero que me respondas ahora mismo. Cada vez que planteamos ciertos temas, tú empiezas a hablar de otra cosa.

–Ella fue normal. Tuvo otros hijos. La Biblia nos cuenta que Jesús tuvo otros dos hermanos.

»La virginidad en la concepción de Jesús se debe a otro hecho: María inicia una nueva era de gracia. Allí comienza otra etapa. Ella es la novia cósmica, la Tierra, que se abre al cielo y se deja fertilizar.

»En ese momento, gracias a su coraje para aceptar el propio destino, ella permite que Dios venga a la Tierra. Y se transforma en la Gran Madre.

No logro seguir sus palabras. Él lo percibe.

—Ella es el rostro femenino de Dios. Ella tiene su propia divinidad.

Sus palabras salen tensas, casi forzadas, como si estuviese cometiendo un pecado.

—¿Una Diosa? —pregunto.

Espero un poco, para que me lo explique mejor, pero no sigue adelante con la conversación. Hace pocos minutos, yo pensaba con ironía en su catolicismo. Ahora, sus palabras me parecen blasfemia.

—¿Quién es la Virgen? ¿Qué es la Diosa? —Soy yo quien retoma el tema.

—Es difícil de explicar —dice él, cada vez más incómodo—. Llevo conmigo alguna cosa escrita. Si quieres, puedes leerla.

—Ahora no voy a leer nada, quiero que me lo expliques —insisto.

Él levanta la botella de vino, pero está vacía. Ya no nos acordamos de qué fue lo que nos trajo hasta la fuente. Algo importante está presente; como si sus palabras estuviesen obrando un milagro.

—Sigue hablando —insisto.

—Su símbolo es el agua, la niebla alrededor. La Diosa usa el agua para manifestarse.

La bruma parece cobrar vida, y transformarse en algo sagrado, aunque yo siga sin entender lo que él dice.

–No quiero hablarte de historia. Si quieres informarte al respecto, puedes leer el texto que traje conmigo. Pero quiero que sepas que esta mujer, la Diosa, la Virgen María, la Shechinah judaica, la Gran Madre, Isis, Sofía, sierva y señora, está presente en todas las religiones de la Tierra. Fue despreciada, prohibida, disfrazada, pero su culto ha seguido de milenio en milenio, y ha llegado hasta el día de hoy.

«Uno de los rostros de Dios es un rostro de mujer.»

Lo miré a la cara. Sus ojos brillaban, y miraban fijos la niebla que teníamos delante. Vi que no necesitaba insistir para que continuase.

–Ella está presente en el primer capítulo de la Biblia, cuando el espíritu de Dios se mueve sobre las aguas y Él las coloca por debajo y por encima de las estrellas. Es el matrimonio místico de la Tierra con el Cielo.

»Ella está presente en el último capítulo de la Biblia, cuando

El Espíritu y la Novia dicen: «¡Ven!».
Y el que oiga, diga: «¡Ven!».
Y el que tenga sed, que se acerque,
y el que quiera, reciba gratis agua de vida.

–¿Por qué el símbolo del rostro femenino de Dios es el agua?

–No lo sé. Pero ella generalmente escoge este medio para manifestarse. Tal vez porque es la fuente de la vida; se nos genera por medio del agua, y permanecemos en ella durante nueve meses.

»El agua es el símbolo del Poder de la mujer, el poder al que ningún hombre, por iluminado o perfecto que sea, puede aspirar.

Hace una pausa, y luego retoma la conversación.

–En cada religión, y en cada tradición, Ella se manifiesta de una manera diferente, pero siempre se manifiesta. Como soy católico, logro vislumbrarla cuando estoy delante de la Virgen María.

Me coge de la mano y en menos de cinco minutos salimos de Saint-Savin. Pasamos por delante de una columna que hay en la carretera, con algo extraño encima: una cruz, y la imagen de la Virgen en el sitio donde debería estar Jesucristo. Me acuerdo de sus palabras, y me sorprende la coincidencia.

Ahora estamos completamente envueltos por la oscuridad de la bruma. Comienzo a imaginarme en el agua, en el vientre materno, donde el tiempo y el pensamiento no existen. Todo lo que él dice parece tener sentido, un sentido extraordinario. Me acuerdo de la señora de la conferencia. Me acuerdo de la muchacha que me llevó hasta la plaza. También ella había dicho que el agua era el símbolo de la Diosa.

–A veinte kilómetros de aquí hay una gruta –prosigue–. El 11 de febrero de 1858 una niña recogía leña allí en compañía de otras dos criaturas. Era una niña frágil, asmática, de una pobreza que rozaba la miseria. Aquel día de invierno tuvo miedo de atravesar un pequeño riachuelo; podía mojarse, enfermar, y sus padres necesitaban el poco dinero que ganaba trabajando como pastora.

»Entonces apareció una mujer vestida de blanco, con dos rosas doradas en los pies. Trató a la niña como si fuese una princesa, le pidió **por favor** que volviese allí un determinado número de veces y desapareció. Las otras dos criaturas, que la habían visto en trance, divulgaron luego la historia.

»A partir de ese momento comenzó un largo calvario para ella. La detuvieron, y le exigieron que lo negase todo. La tentaron con dinero para que pidiese favores especiales a la Aparición. Los primeros días su familia fue insultada en la plaza pública; decían que hacía todo aquello para llamar la atención.

»La niña, que se llamaba Bernadette, no tenía la menor idea de lo que estaba viendo. Se refería a la señora como "**Aquello**", y sus padres, acongojados, habían ido a buscar socorro en el cura de la aldea. El cura sugirió que, en la próxima aparición, la niña preguntase el nombre de aquella mujer.

»Bernadette hizo lo que el cura le mandó, pero la respuesta consistió apenas en una sonrisa. "Aquello" apareció en total dieciocho veces, la mayoría de ellas sin decir nada. En una de esas veces, pidió a la niña que besase la tierra. Sin entender, Bernadette hizo lo que "Aquello" le mandaba. Un día pidió que la niña cavase un agujero en el suelo de la gruta. Bernadette obedeció, y al instante brotó un poco de agua lodosa, pues guardaban allí cerdos.

»—*Bebe esta agua* —dijo la señora.

»El agua está tan sucia que Bernadette la derrama tres veces, sin coraje para llevársela a la boca. Pero, aunque con asco, termina obedeciendo. En el sitio donde ha cavado, empieza a brotar más agua. Un hombre ciego de un ojo se pasa unas gotas por la cara, y recupera la visión. Una mujer, desesperada porque su hijo recién nacido se está muriendo, sumerge al niño en la fuente, un día en que la temperatura es de bajo cero. El niño se cura.

»Poco a poco, la noticia se extiende, y empiezan a acudir al lugar millares de personas. La niña sigue insistiendo en saber el nombre de la señora, pero ella apenas sonríe.

89

»Hasta que un hermoso día, "Aquello" se vuelve hacia Bernadette y dice:

»—*Soy la Inmaculada Concepción.*

»Satisfecha, la niña va corriendo a contárselo al párroco.

»—No puede ser —dice él—. Nadie puede ser árbol y fruto al mismo tiempo, hija mía. Ve allí y échale agua bendita.

»Para el cura, sólo Dios puede existir desde el principio, y Dios, como todo indica, es hombre.

Él hace una larga pausa.

—Bernadette echa agua bendita en «Aquello». La Aparición sonríe con ternura, nada más.

»El día 16 de julio, la mujer aparece por última vez. Poco después, Bernadette entra en un convento, sin saber que había cambiado por completo el destino de aquella pequeña aldea al lado de la gruta. De la fuente sigue brotando agua, y los milagros se suceden.

»La historia recorre primero Francia, y luego el mundo entero. La ciudad crece y se transforma. Los comerciantes llegan y empiezan a ocupar el lugar. Se abren hoteles. Bernadette muere y es enterrada lejos de allí, sin saber nada de lo que pasa.

»Algunas personas, para poner a la Iglesia en dificultades, ya que a esas alturas el Vaticano admite las apariciones, comienzan a inventar milagros falsos, que luego son desenmascarados. La Iglesia reacciona con rigor: a partir de determinada fecha, sólo acepta como milagros los fenómenos que son sometidos a una serie de rigurosos exámenes realizados por juntas médicas y científicas.

»Pero el agua sigue brotando, y continúan los milagros.

Creo oír algo cerca de nosotros. Siento miedo, pero él no se mueve. Ahora la niebla tiene vida y tiene historia. Me quedo pensando en todo lo que ha dicho, y en la pregunta cuya respuesta todavía no he entendido: ¿cómo sabe todo eso?

Me quedo pensando en el rostro femenino de Dios. El hombre que está a mi lado tiene el alma llena de conflictos. Hace poco me escribió que quería entrar en un seminario católico; pero cree que Dios tiene un rostro femenino.

Él está inmóvil. Yo sigo sintiéndome en el vientre de la Madre Tierra, sin tiempo y sin espacio. La historia de Bernadette parece representarse delante de mis ojos, en la bruma que nos envuelve.

Entonces él vuelve a hablar.

–Bernadette ignoraba dos cosas importantísimas –dice–. La primera era que, antes de que la religión cristiana llegase aquí, estas montañas estaban habitadas por celtas, y la Diosa era la principal devoción de esa cultura. Generaciones y generaciones habían entendido el rostro femenino de Dios, y compartido Su amor y Su gloria.

–¿Y la segunda?

–La segunda era que, poco antes de que Bernadette tuviese esas visiones, las altas autoridades del Vaticano se habían reunido en secreto.

»Casi nadie sabía qué pasaba en esas reuniones, y era evidente que el sacerdote de la aldea de Lourdes no tenía la menor idea. La alta cúpula de la Iglesia Católica estaba decidiendo si debía declarar el dogma de la Inmaculada Concepción.

»El dogma terminó siendo declarado mediante la bula papal *Ineffabilis Deus.* Pero sin aclarar, ante el gran público, qué significaba eso.

–¿Y cuál es tu relación con todo esto? –pregunto.

–Soy Su discípulo. He aprendido con Ella –dice, sin saber que está revelando también la fuente de todo lo que sabe.

–¿Tú La ves?

–Sí.

Volvemos a la plaza y atravesamos los pocos metros que nos separan de la iglesia. Veo la fuente, la luz del farol y la botella de vino con los dos vasos en el borde. «Ahí deben de haber estado dos enamorados –pienso–. En silencio, mientras conversaban sus corazones. Y cuando los corazones terminaron de decirlo todo, empezaron a compartir los grandes misterios.»

Por una vez, no se ha terminado planteando ninguna conversación sobre el amor. No importa. Siento que estoy ante algo muy serio, y tengo que aprovechar para entender todo lo posible. Por un instante recuerdo los estudios, Zaragoza, el hombre de mi vida que pretendo encontrar..., pero eso ahora me parece lejano, envuelto en la misma bruma que se extiende por Saint-Savin.

–¿Por qué me has contado toda esa historia de Bernadette? –pregunto.

–No lo sé exactamente –responde él, sin mirarme directamente a los ojos–. Quizá porque estamos cerca de Lourdes. Quizá porque pasado mañana es el día de la Inmaculada Concepción. Quizá porque quería mostrarte que mi mundo no es tan solitario y loco como puede parecer.

»Otras personas forman parte de él. Y creen lo que están diciendo.

–Nunca dije que tu mundo fuera loco. Loco puede ser el mío: pierdo el tiempo detrás de cuadernos y estudios que no me harán salir de un sitio que ya conozco.

Sentí que estaba más aliviado: yo lo comprendía.

Esperé a que siguiera hablando de la Diosa, pero se volvió hacia mí.

–Vamos a dormir –dijo–. Hemos bebido mucho.

martes, 7 de diciembre de 1993

Él se durmió en seguida. Yo me quedé despierta un largo rato, pensando en la neblina, en la plaza allá fuera, en el vino y en la conversación. Leí el manuscrito que me había prestado y me sentí feliz; Dios –si realmente existiera– era Padre y Madre.

Después apagué la luz, y me quedé pensando en el silencio junto a la fuente. Fue en aquellos momentos en los que no conversábamos cuando percibí lo cerca que estaba de él.

Ninguno de los dos había dicho nada. No es necesario hablar del amor, porque el amor tiene su propia voz, y habla por sí mismo. Aquella noche, en la orilla de la fuente, el silencio permitió que nuestros corazones se acercasen y se conociesen mejor. Así, mi corazón oyó lo que decía su corazón, y se sintió feliz.

Antes de cerrar los ojos, decidí hacer lo que él llamaba el «ejercicio del Otro».

«Estoy aquí, en esta habitación –pensé–. Lejos de todo aquello a lo que estoy acostumbrada, conversando sobre cosas por las que jamás me interesé, y durmiendo en una ciudad que jamás había pisado. Puedo fingir, por unos instantes, que soy diferente.»

Empecé a imaginar cómo me gustaría estar viviendo aquel momento. Me gustaría sentirme alegre, curiosa, feliz. Viviendo intensamente cada instante, bebiendo con sed el agua de la vida. Confiando de nuevo en los sueños. Capaz de luchar por lo que quería.

Amando a un hombre que me amaba.

Sí, ésa era la mujer que me gustaría ser, y que de repente aparecía y se transformaba en mí.

Sentí que inundaba mi alma la luz de un Dios, o de una Diosa, en quien había dejado de creer. Y sentí que, en aquel momento, la Otra dejaba mi cuerpo, y se sentaba en un rincón de la pequeña habitación.

Yo miraba a la mujer que había sido hasta ese momento: débil, tratando de dar una impresión de fortaleza. Con miedo a todo, pero diciéndose a sí misma que no era miedo, sino la sabiduría de quien conoce la realidad. Levantando paredes en las ventanas por donde entraba la alegría del sol, para que no dañase los muebles viejos.

Vi a la Otra sentada en el rincón del cuarto: frágil, cansada, desilusionada. Controlando y esclavizando aquello que debía estar siempre en libertad: los sentimientos. Tratando de juzgar el amor futuro por el sufrimiento pasado.

El amor es siempre nuevo. No importa que amemos una, dos, diez veces en la vida: siempre estamos ante una situación que no conocemos. El amor puede llevarnos al infierno o al paraíso, pero siempre nos lleva a algún sitio. Es necesario aceptarlo, pues es el alimento de nuestra existencia. Si nos negamos, moriremos de hambre viendo las ramas del árbol de la vida cargadas, sin coraje para estirar la mano y coger los frutos. Es necesario buscar el amor donde esté, aunque eso signifique horas, días, semanas de decepción y tristeza.

Porque en el momento en que salimos en busca del amor, el amor también sale a nuestro encuentro.

Y nos salva.

Cuando la Otra se apartó de mí, mi corazón volvió a conversar conmigo. Me contó que la grieta en la pared del dique dejaba pasar un torrente, que los vientos soplaban en todas direcciones y que él se sentía feliz porque yo le escuchaba de nuevo.

Mi corazón me decía que estaba enamorada. Me dormí contenta, con una sonrisa en los labios.

Cuando me desperté, la ventana estaba abierta, y él miraba hacia las montañas que se veían allá fuera. Me quedé unos minutos sin decir nada, preparada para cerrar los ojos si él volvía la cabeza.

Como si percibiese lo que yo estaba pensando, dio media vuelta y me miró a los ojos.

–Buenos días –dijo.

–Buenos días. Cierra la ventana, está entrando mucho frío.

La Otra había aparecido sin previo aviso. Todavía trataba de cambiar la dirección del viento, descubrir defectos, decir que no, que no era posible. Pero sabía que era tarde.

–Tengo que cambiarme de ropa –dije.

–Te espero abajo –respondió él.

Entonces me levanté, alejé a la Otra del pensamiento, abrí de nuevo la ventana y dejé entrar el sol. El sol que todo lo inundaba: las montañas cubiertas de nieve, el suelo cubierto de hojas secas, el río que no veía pero que oía.

El sol me dio en los senos, me iluminó el cuerpo

desnudo, y yo no sentía frío porque un calor me consumía, el calor de una chispa que se transforma en llama, de una llama que se transforma en hoguera, de una hoguera que se transforma en incendio imposible de controlar. Yo sabía.

Y quería.

Sabía que a partir de ese momento iría a conocer los cielos y los infiernos, la alegría y el dolor, el sueño y la desesperación, y que ya no podría contener nunca más los vientos que soplaban desde los rincones escondidos de mi alma. Sabía que a partir de aquella mañana me guiaba el amor, aunque ese amor hubiese estado presente desde la infancia, desde que lo había visto por primera vez. Porque nunca lo había olvidado, aunque me hubiese considerado indigna de luchar por él. Era un amor difícil, con fronteras que yo no quería cruzar.

Recordé la plaza de Soria, el momento en que le pedí que buscase la medalla que había perdido. Yo sabía..., sí, yo sabía lo que me iba a decir, y no quería escucharlo, porque era como otros muchachos que un buen día se marchan en busca de dinero, aventuras o sueños. Yo necesitaba un amor posible, mi corazón y mi cuerpo estaban todavía vírgenes, y un príncipe encantado me vendría a buscar.

En aquella época poco entendía de amor. Cuando le vi en la conferencia, y acepté la invitación, me pareció que la mujer madura podía dominar el corazón de la niña que tanto había luchado para encontrar a su príncipe encantado. Entonces él habló de la criatura que siempre llevamos dentro, y volví a oír la voz de la niña que fui, de la princesa que tenía miedo de amar y perder.

Durante cuatro días había tratado de no hacer caso a la voz de mi corazón, pero ella se fue fortaleciendo cada vez más, para desesperación de la Otra. En el rincón más escondido de mi alma, yo seguía existiendo, y creyendo en los sueños. Antes de que la Otra dijese algo, acepté la invitación, acepté el viaje, decidí correr los riesgos.

Y a causa de eso −de lo poco mío que quedaba− el amor volvió a encontrarme, después de haberme buscado en todos los confines del mundo. El amor volvió a encontrarme, a pesar de que la Otra había montado una barrera de prejuicios, certezas y libros de estudio en una tranquila calle de Zaragoza.

Abrí la ventana y el corazón. El sol inundó mi habitación, y el amor inundó mi alma.

Anduvimos horas seguidas en ayunas, caminamos por la nieve y por la carretera, tomamos café por la mañana en una aldea de la que nunca sabré el nombre, sólo que tiene una fuente, y en esa fuente una escultura de una serpiente y una paloma mezcladas en un único animal.

Él sonrió al ver eso.

—Es una señal. Masculino y femenino unidos en la misma figura.

—Nunca había pensado en lo que me contaste ayer —comenté—. Ahora me parece lógico.

—«Hombre y mujer los creó Dios» —dijo, repitiendo una frase del Génesis—. Porque eso era a su imagen y semejanza: hombre y mujer.

Vi que sus ojos tenían otro brillo. Estaba feliz, y se reía de cualquier tontería. Entablaba conversaciones con las pocas personas que encontraba en el camino: labradores de ropa grisácea que iban al trabajo, montañeros de ropas coloridas que se preparaban para escalar algún pico.

Yo me quedaba quieta, porque mi francés era pésimo; pero mi alma se alegraba de verlo así.

Su felicidad era tanta que todos sonreían cuando

103

conversaban con él. Quizá su corazón le había dicho algo, y ahora sabía que yo lo amaba, aunque todavía me comportase como una vieja amiga de la infancia.

—Pareces más contento —le dije en cierto momento.

—Porque siempre soñé con estar aquí contigo, andando por estas montañas y recogiendo las doradas manzanas del sol.

«*Las doradas manzanas del sol.*» Un verso que alguien escribió hace mucho tiempo y que ahora él repetía, en el momento justo.

—Existe otro motivo para tu alegría —comenté, mientras volvíamos de aquella aldea con una fuente exquisita.

—¿Cuál?

—Tú sabes que estoy contenta. Tú eres responsable de que yo esté aquí hoy, subiendo a montañas de verdad, lejos de las montañas de cuadernos y de libros. Me estás haciendo feliz. Y la felicidad es algo que se multiplica cuando se divide.

—¿Hiciste el ejercicio del Otro?

—Sí. ¿Cómo lo sabes?

—Porque tú también has cambiado. Y porque siempre aprendemos ese ejercicio en el momento indicado.

La Otra me siguió durante toda aquella mañana. Trataba de acercarse de nuevo. Pero a cada minuto su voz se volvía más débil, y su imagen comenzaba a disolverse. Me recordaba los finales de las películas de vampiros, en los que el monstruo se transforma en polvo.

Pasamos por delante de otra columna con la imagen de la Virgen en la cruz.

—¿En qué piensas? —preguntó.

—En vampiros. En los seres de la noche, encerrados en sí mismos, buscando desesperadamente compañía. Pero incapaces de amar.

»Por eso dice la leyenda que basta con clavarle una estaca en el corazón para matarlo; cuando eso ocurre, el corazón despierta, libera la energía del amor y destruye el mal.

–Nunca había pensado en eso. Pero es lógico.

Yo había conseguido clavar esa estaca. El corazón, liberado de las maldiciones, se hacía cargo de todo. La Otra ya no tenía dónde meterse.

Mil veces sentí deseos de cogerle la mano, y mil veces me quedé quieta, sin hacer nada. Estaba un poco confundida; quería decirle que lo amaba, pero no sabía cómo empezar.

Conversamos acerca de las montañas y los ríos. Anduvimos perdidos en el bosque durante casi una hora, pero volvimos a encontrar el camino. Comimos bocadillos y bebimos nieve derretida. Cuando el sol empezó a bajar, decidimos regresar a Saint-Savin.

El sonido de nuestros pasos resonaba en las paredes de piedra. Llevé instintivamente la mano hasta la pila de agua bendita e hice la señal de la cruz. Me acordé de lo que él me había dicho: el agua es el símbolo de la Diosa.

–Vamos hasta allí –dijo él.

Caminamos por la iglesia vacía y oscura hasta donde estaba enterrado un santo –san Savin, un ermitaño que vivió a comienzos del primer milenio–, debajo del altar principal. Las paredes de aquel sitio ya habían sido derribadas y reconstruidas varias veces.

Ciertos lugares son así; los pueden arrasar las guerras, la persecución, la indiferencia. Pero permanecen sagrados. Hasta que alguien pasa por allí, siente que falta algo y lo reconstruye.

Reparé en una imagen de Cristo crucificado que me producía una sensación extraña: tenía la clara impresión de que su cabeza se movía, acompañándome.

–Detengámonos aquí.

Estábamos delante de un altar de Nuestra Señora.

–Mira la imagen.

María con el hijo en el regazo. El niño Jesús apuntando hacia lo alto.

Le comenté lo que había visto.

—Mira con más atención —dijo.

Traté de ver todos los detalles de la escultura de madera: la pintura dorada, el pedestal, la perfección con que el artista había trazado los pliegues del manto. Pero al fijarme en el dedo del niño Jesús fue cuando entendí lo que él me quería decir.

La verdad es que, aunque María Lo tuviese en sus brazos, era Jesús quien La amparaba. El brazo del niño, levantado hacia el cielo, parecía transportar a la Virgen hasta las alturas. De regreso a la morada de su Novio.

—El artista que hizo esto, hace más de seiscientos años, sabía lo que quería decir —comentó él.

Sonaron unos pasos en el suelo de madera. Entró una mujer y encendió una vela delante del altar principal.

Nos quedamos inmóviles durante un rato, respetando el silencio de aquella oración.

«El amor nunca viene gradualmente», pensaba mientras lo veía absorto en la contemplación de la Virgen. El día anterior, el mundo tenía sentido sin que él estuviese presente. Ahora necesitaba tenerlo a mi lado para poder descubrir el verdadero brillo de las cosas.

Cuando se fue la mujer, él volvió a hablar.

—El artista conocía a la Gran Madre, la Diosa, el rostro misericordioso de Dios. Hay una pregunta que me hiciste y que hasta el momento no he contestado con claridad. Tú me preguntaste: «¿Dónde aprendiste todo eso?».

Sí, le había preguntado y él ya había contestado. Pero me callé.

107

–Pues aprendí como este artista –continuó–. Acepté el amor de las alturas. Me dejé guiar.

»Debes de acordarte de aquella carta donde te decía que quería entrar en un monasterio. Nunca te lo conté, pero el hecho es que terminé entrando.

Me acordé inmediatamente de la conversación antes de la conferencia. Mi corazón empezó a latir más rápido, y traté de fijar la mirada en la Virgen, que sonreía.

«No puede ser –pensé–. Entró, pero salió. Por favor, que me diga que salió del seminario.»

–Ya había vivido con intensidad mi juventud –prosiguió, sin fijarse en mis pensamientos–. Conocía otros pueblos y otros paisajes. Ya había buscado a Dios por todos los confines de la Tierra. Ya me había enamorado de otras mujeres, y trabajado para muchos hombres en diversos oficios.

Otra punzada. «Necesito tener cuidado de que la Otra no vuelva», dije para mis adentros, sin apartar la mirada de la sonrisa de la Virgen.

–Me fascinaba el misterio de la vida, y quería comprenderlo mejor. Busqué las respuestas donde me decían que alguien sabía alguna cosa. Estuve en la India y en Egipto. Conocí a maestros de la magia y de la meditación. Conviví con alquimistas y sacerdotes.

»Y descubrí lo que necesitaba descubrir: que la Verdad siempre está donde existe la Fe.

La verdad siempre está donde existe la fe. Volví a mirar la iglesia a mi alrededor..., las piedras gastadas, tantas veces derribadas y vueltas a colocar en su sitio. ¿Qué era lo que llevaba al hombre a insistir tanto, a trabajar tanto para reconstruir aquel pequeño templo..., en un lugar remoto, enclavado en montañas tan altas?

La fe.

—Los budistas tenían razón, los hindúes tenían razón, los indios tenían razón, los musulmanes tenían razón, los judíos tenían razón. Siempre que el hombre siguiese, con sinceridad, el camino de la fe, sería capaz de unirse a Dios, de obrar milagros.

»Pero con saber eso no bastaba; era necesario escoger. Escogí la Iglesia Católica porque fui criado en ella, y mi infancia estaba impregnada de sus misterios. Si hubiese nacido judío, habría elegido el judaísmo. Dios es el mismo, aunque tenga mil nombres; pero tienes que escoger un nombre para llamarlo.

Otra vez pasos en la iglesia.

Se acercó un hombre y se quedó mirándonos. Después fue hasta el altar central y retiró los dos candelabros. Debía de ser alguien encargado de cuidar la iglesia.

Me acordé del vigilante de la otra capilla, el que no nos quería dejar entrar. Pero esta vez el hombre no nos dijo nada.

—Esta noche tengo un encuentro —dijo él, después de que saliera el hombre.

—Por favor, sigue con lo que estabas contando. No cambies de tema.

—Entré en un seminario cerca de aquí. Durante cuatro años estudié todo lo que pude. En ese período entré en contacto con los Esclarecidos, los Carismáticos, las diversas corrientes que intentaban abrir puertas cerradas desde hace mucho tiempo. Descubrí que Dios ya no era el justiciero cruel que me asustaba en la infancia. Había un movimiento de retorno a la inocencia original del cristianismo.

–O sea que después de dos mil años entendieron que era necesario dejar que Jesús participara en la Iglesia –dije con cierta ironía.

–Puedes bromear, pero es exactamente eso. Comencé a aprender con uno de los superiores del monasterio. Él me enseñaba que era necesario aceptar el fuego de la revelación, el Espíritu Santo.

El corazón se me encogía a medida que oía esas palabras. La Virgen seguía sonriendo, y el niño Jesús tenía una expresión alegre. Yo también había creído en eso en una época..., pero el tiempo, la edad y la sensación de que era una persona más lógica y más práctica habían terminado por apartarme de la religión. Pensé cuánto me gustaría recuperar aquella fe infantil, que me había acompañado durante tantos años y me había hecho creer en ángeles y milagros. Pero resultaba imposible traerla de vuelta mediante apenas un acto de voluntad.

–El superior me decía que **si yo creyese que sabía**, terminaría sabiendo –continuó–. Empecé a conversar cuando estaba solo en mi celda. Recé para que el Espíritu Santo se manifestase y me enseñase todo lo que necesitaba saber. Poco a poco fui descubriendo que, a medida que hablaba solo, una voz más sabia decía las cosas por mí.

–A mí me pasa lo mismo –dije, interrumpiéndolo.

Él esperó a que continuase. Pero yo no conseguía decir nada más.

–Te escucho –dijo.

Algo me había trabado la lengua. Él decía cosas bellas, y yo no podía expresarme con las mismas palabras.

–La Otra está tratando de volver –dijo, como si hubiese adivinado mi pensamiento–. La Otra tiene miedo de decir tonterías.

–Sí –respondí, haciendo todo lo posible por vencer el miedo–. Muchas veces, cuando converso con alguien y me entusiasmo con algún tema, termino diciendo cosas que nunca había pensado. Es como si canalizara una inteligencia que no es mía, y que entiende de la vida mucho más que yo.

»Pero eso es raro. Generalmente, en cualquier conversación, prefiero quedarme escuchando. Creo que estoy aprendiendo algo nuevo, aunque siempre termine olvidándome de todo.

–Nosotros somos nuestra gran sorpresa –dijo él–. La fe del tamaño de un grano de mostaza nos haría mover esas montañas. Es eso lo que aprendí. Y hoy me sorprendo cuando escucho con respeto mis propias palabras.

»Los apóstoles eran pescadores, analfabetos, ignorantes. Pero aceptaron la llama que bajaba del cielo. No tuvieron vergüenza de la propia ignorancia; tuvieron fe en el Espíritu Santo.

»Ese don es de quien quiere aceptarlo. Basta con creer, aceptar, y no tener miedo de cometer algunos errores.

La Virgen sonreía delante de mí. Tenía todos los motivos para llorar, y sin embargo sonreía.

–Sigue con lo que estabas contando –dije.

–Es eso –respondió él–. Aceptar el don. Entonces el don se manifiesta.

–La cosa no funciona así.

–¿No me entiendes?

–Entiendo. Pero soy como todas las demás personas: tengo miedo. Creo que esto funciona para ti, o para el vecino de al lado, pero nunca funcionará para mí.

animales de un establo para dar a luz, porque así lo querían las Escrituras,

«hágase tu voluntad»

lo mismo que cuando, acongojada, buscaba a su hijo por las calles, y lo encontró en el templo. Y él pidió que no lo perturbase, porque necesitaba cumplir otros deberes y otras tareas,

«hágase tu voluntad»

sabiendo que lo seguiría buscando durante el resto de sus días, con el corazón traspasado por el puñal del dolor, temiendo a cada minuto por su vida, sabiendo que estaba perseguido y amenazado,

«hágase tu voluntad»

lo mismo que cuando, al encontrarlo en medio de la multitud, no había podido acercarse,

«hágase tu voluntad»

lo mismo que, cuando envió a alguien para avisarle que ella estaba allí, el hijo mandó decirle que «mi madre y mis hermanos son estos que están conmigo»,

«hágase tu voluntad»

lo mismo que cuando todos huyeron al final, y sólo ella, otra mujer y uno de ellos se habían quedado a los pies de la cruz, soportando la risa de los enemigos y la cobardía de los amigos,

«hágase tu voluntad».

Hágase tu voluntad, Señor. Porque Tú conoces la flaqueza de corazón de Tus hijos, y sólo das a cada uno un peso que pueda cargar. Que Tú entiendas mi amor, porque es la única cosa que tengo realmente mía, la única cosa que podré llevar a la otra vida. Haz que se conserve valiente y puro, capaz de seguir vivo, a pesar de los abismos y de las trampas del mundo.

El órgano calló, y el sol se escondió detrás de las montañas, como si ambos fuesen dirigidos por la misma Mano. Su oración había sido escuchada, la música había sido su oración. Abrí los ojos, y la iglesia estaba completamente a oscuras, salvo por la vela solitaria que iluminaba la imagen de la Virgen.

Oí de nuevo sus pasos, que volvían hasta donde yo estaba. La luz de aquella única vela me iluminó las lágrimas y la sonrisa, que aunque no era tan hermosa como la de la Virgen, mostraba que mi corazón estaba vivo.

Él me miró, y yo lo miré. Mi mano buscó la suya y la encontró. Sentí que ahora era su corazón el que latía más rápido; casi lo escuchaba, porque estábamos de nuevo en silencio.

Mi alma, sin embargo, estaba tranquila, y mi corazón estaba en paz.

Le apreté la mano y él me abrazó. Nos quedamos allí a los pies de la Virgen durante un tiempo que no sé precisar, porque el tiempo se había detenido.

Ella nos miraba. La campesina adolescente que dijo «sí» a su destino. La mujer que aceptó llevar en el vientre al hijo de Dios, y en el corazón el amor de la Diosa. Ella era capaz de comprender.

Yo no quería preguntar nada. Bastaban los momentos pasados en la iglesia, esa tarde, para justificar todo aquel viaje. Bastaban los cuatro días con él para justificar todo aquel año en el que nada especial había sucedido.

Por eso no quería preguntar nada. Salimos de la iglesia cogidos de la mano, y regresamos a la habitación. La cabeza me daba vueltas...; el seminario, la Gran Madre, el encuentro que él tendría esa noche.

Entonces me di cuenta de que tanto yo como él queríamos atar nuestras almas al mismo destino; pero existía un seminario en Francia, existía Zaragoza. Se me estrujó el corazón. Miré las casas medievales, la fuente de la noche anterior. Recordé el silencio y el aire triste de la Otra mujer que yo había sido un día.

«Dios, estoy intentando recuperar mi fe. No me abandones en medio de una historia como ésta», pedí, alejando el miedo.

Él durmió un poco, y yo volví a quedarme despierta, mirando el rectángulo oscuro de la ventana. Nos levantamos, cenamos con la familia que nunca conversaba en la mesa, y él pidió la llave de la casa.

–Hoy vamos a volver tarde –le dijo a la mujer.

–Los jóvenes necesitan divertirse –respondió ella–. Y aprovechar los días festivos de la mejor manera posible.

—Tengo que preguntarte una cosa —dije en cuanto entramos en el coche—. Trato de eludirlo, pero no puedo.

—El seminario —dijo él.

—Eso. No lo entiendo.

«Quizá ya no tenga importancia entender nada», pensé.

—Yo siempre te amé —empezó a decir él—. Tuve otras mujeres, pero siempre te amé. Llevaba conmigo la medalla, pensando que un día te la devolvería, y que tendría el coraje de decir «te amo».

»Todos los caminos del mundo me llevaban de vuelta a ti. Escribía las cartas, y abría con miedo cada respuesta, porque en una de ellas podías decirme que habías encontrado a alguien.

»Fue entonces cuando oí la llamada a la vida espiritual. O mejor dicho, cuando acepté la llamada, porque, lo mismo que tú, ya estaba presente desde mi infancia. Descubrí que Dios era demasiado importante en mi vida, y que no sería feliz si no seguía mi vocación. El rostro de Cristo estaba en cada uno de los pobres que encontré por el mundo, y no podía dejar de verlo.

119

Calló, y decidí no insistir.

Veinte minutos más tarde detuvo el coche y bajamos.

–Estamos en Lourdes –dijo–. Tienes que ver esto en el verano.

Lo que yo veía eran calles desiertas, tiendas cerradas, hoteles con grandes rejas de acero sobre la puerta principal.

–Seis millones de personas vienen aquí en el verano –prosiguió, entusiasmado.

–A mí me parece una ciudad fantasma.

Atravesamos un puente. Delante de nosotros, un enorme portón de hierro –flanqueado por dos ángeles– tenía uno de los lados abiertos. Y entramos.

–Sigue con lo que estabas diciendo –pedí, a pesar de la decisión que había tomado de no insistir–. Habla del rostro de Cristo en las personas.

Percibí que él no quería seguir con la conversación. Quizá no fuese el sitio ni el momento indicados. Pero ahora que había empezado, necesitaba terminar.

Empezamos a caminar por una extensa avenida, bordeada de campos cubiertos de nieve. Al final, notaba la silueta de una catedral.

–Continúa –repetí.

–Ya sabes. Entré en el seminario. Durante el primer año, pedí a Dios que me ayudase a transformar mi amor por ti en un amor por todos los hombres. En el segundo año, sentí que Dios me escuchaba. En el tercer año, aunque la nostalgia era todavía muy grande, ya tenía la certeza de que este amor se estaba transformando en caridad, oración y ayuda a los necesitados.

–Entonces ¿por qué volviste a buscarme? ¿Por qué volviste a encender en mí este fuego? ¿Por qué me contaste el ejercicio de la Otra, y me hiciste ver lo mezquina que era con la vida?

Las palabras me salían confusas, trémulas. Cada minuto que pasaba, lo veía más cerca del seminario y más lejos de mí.

—¿Por qué volviste? ¿Por qué esperaste a contarme esta historia hoy, cuando ves que estoy empezando a amarte?

Él tardó un poco en responder.

—Te va a parecer una locura —dijo.

—Nada me va a parecer una locura. Ya he perdido el miedo al ridículo. Tú me lo enseñaste.

—Hace dos meses mi superior me pidió que lo acompañase a la casa de una mujer que había muerto y dejado todos sus bienes para nuestro seminario. Ella vivía en Saint-Savin y mi superior tenía que hacer un inventario de sus cosas.

La catedral, al fondo, se acercaba continuamente. La intuición me decía que en cuanto llegásemos allí, cualquier conversación quedaría interrumpida.

—No te detengas —dije—. Merezco una explicación.

—Recuerdo el momento en que entré en aquella casa. Las ventanas daban a las montañas de los Pirineos, y la claridad del sol, aumentada por el brillo de la nieve, se extendía por todo el ambiente. Empecé a hacer una lista de las cosas, pero a los pocos minutos había parado.

»Había descubierto que los gustos de aquella mujer eran exactamente iguales a los míos. Ella poseía discos que yo habría comprado, con las músicas que también me habría gustado oír mirando aquel paisaje. Los estantes tenían muchos libros, algunos que ya había leído, otros que por cierto me gustaría leer. Reparé en los muebles, en los cuadros, en los pequeños objetos esparcidos por la casa; era como si yo los hubiese escogido.

»A partir de aquel día ya no pude dejar de pensar en la casa. Cada vez que entraba en la capilla a rezar, recordaba que mi renuncia no había sido completa. Me imaginaba allí contigo, viviendo en una casa como aquélla, escuchando aquellos discos, mirando la nieve de la montaña y el fuego de la chimenea. Imaginaba a nuestros hijos corriendo por la casa y jugando en los campos que rodeaban Saint-Savin.

Aunque nunca hubiese entrado en aquella casa, sabía exactamente cómo era. Y deseé que no dijese nada más, para poder soñar.

Pero continuó:

—Hace dos semanas no conseguí soportar la tristeza de mi alma. Busqué a mi superior y le conté todo lo que me pasaba. Le conté la historia de mi amor por ti, y lo que había sentido al hacer aquel inventario.

Empezó a caer una lluvia fina. Bajé la cabeza y me cerré más la chaqueta. Tenía miedo de oír el resto.

—Entonces mi superior me dijo: «Hay muchas maneras de servir al Señor. Si crees que ése es tu destino, ve a su encuentro. Sólo quien es feliz puede repartir felicidad».

»—No sé si ése es mi destino —respondí a mi superior—. Encontré la paz en mi corazón cuando decidí entrar en este monasterio.

»—Entonces ve allí, y sácate todas las dudas —dijo él—. Quédate en el mundo, o regresa al seminario. Pero tienes que estar entero en el lugar que escojas. Un reino dividido no resiste las embestidas del adversario. Un ser humano dividido no consigue afrontar la vida con dignidad.

Metió la mano en el bolso y me dio algo. Era una llave.

–El superior me prestó la llave de la casa. Dijo que podía esperar un poco antes de vender los objetos. Sé que quería que yo volviese allí contigo.

»Fue él quien organizó la charla en Madrid, para que pudiésemos volver a encontrarnos.

Miré la llave que tenía en la mano y apenas sonreí. Mientras tanto, dentro de mi pecho, era como si tocasen campanas y se abriese el cielo. Él serviría a Dios de otra manera: a mi lado. Porque lucharía por eso.

–Ten esta llave –dijo.

Tendí la mano, y guardé la llave en el bolso.

Ahora la basílica ya estaba delante de nosotros. Antes de que yo pudiese hacer un comentario, alguien lo vio y se acercó a saludarlo. La lluvia fina caía con insistencia, y yo no sabía cuánto tiempo nos quedaríamos allí; recordaba continuamente que sólo tenía la ropa que llevaba puesta, y que no podía mojarme.

Traté de concentrarme en eso. No quería pensar en la casa, en las cosas que estaban suspendidas entre el cielo y la tierra, esperando la mano del destino.

Él me llamó y me presentó a algunas personas. Nos preguntaron dónde estábamos, y cuando él dijo Saint-Savin, alguien comentó que allí estaba enterrado un santo eremita. Explicaron que era él quien había descubierto la fuente en el centro de la plaza, y que la idea original del lugar era crear un refugio para los religiosos que abandonaban la vida de la ciudad y se iban a las montañas en busca de Dios.

—Ellos todavía están allí —dijo otro.

Yo no sabía si esta historia era cierta, y no sabía quiénes eran «ellos».

Fueron llegando otras personas, y el grupo se dirigió al frente de la gruta. Un hombre mayor intentó decirme algo en francés. Al ver que me costaba entenderle, me habló en un trabajoso español.

–Usted está con una persona muy especial –dijo–. Un hombre que hace milagros.

No dije nada, pero me acordé de la noche en Bilbao, cuando había ido a buscarlo un hombre desesperado. Él no me había dicho adónde había ido, y el tema no me interesaba. Mi pensamiento se centraba en una casa que conocía con exactitud. Qué libros había, qué discos, qué paisaje se veía, cómo estaba decorada.

En algún lugar del mundo nos esperaba una casa de verdad, algún día. Una casa donde yo esperaría tranquila su llegada. Una casa donde podría esperar a una niña o un niño que volvía del colegio, que llenaba el ambiente de alegría y no dejaba ninguna cosa en su sitio.

El grupo caminó en silencio, bajo la lluvia, hasta que llegamos finalmente al sitio de las apariciones. Era exactamente como me lo imaginaba: la gruta, la imagen de Nuestra Señora y una fuente –protegida por un vidrio– donde se había producido el milagro del agua. Algunos peregrinos rezaban, otros permanecían sentados dentro de la gruta, en silencio, los ojos cerrados. Pasaba un río por delante de la gruta, y el sonido de sus aguas me tranquilizó. Al ver la imagen, hice una rápida petición; pedí a la Virgen que me ayudase, porque mi corazón no necesitaba sufrir más.

«Si el dolor tiene que venir, que venga rápido –dije–. Porque me queda una vida por delante y necesito usarla de la mejor manera posible. Si él tiene que escoger, que lo haga pronto. En ese caso, lo espero. Si no, lo olvido.

»Esperar duele. Olvidar duele. Pero el peor de los sufrimientos es no saber qué decisión tomar.»

En el fondo de mi corazón, sentí que ella había escuchado mi petición.

miércoles, 8 de diciembre de 1993

Cuando el reloj de la basílica dio las doce de la noche, el grupo que nos rodeaba había crecido bastante. Éramos casi cien personas, incluyendo algunos sacerdotes y monjas, parados debajo de la lluvia, mirando la imagen.

–¡Viva Nuestra Señora de la Inmaculada Concepción! –dijo alguien, cerca de donde yo estaba, cuando terminaron de sonar las campanadas del reloj.

–¡Viva! –respondieron todos, con una salva de aplausos.

Inmediatamente se acercó un guardia y pidió que no hiciésemos ruido. Estábamos molestando a otros peregrinos.

–Venimos de lejos –dijo un señor de nuestro grupo.

–Ellos también –respondió el guardia, señalando a otras personas que rezaban bajo la lluvia–. Y están rezando en silencio.

Deseé que el guardia pusiese fin a aquel encuentro. Quería estar sola con él, lejos de allí, apretándole las manos y diciendo lo que sentía. Necesitábamos conversar sobre la casa, hacer planes, hablar de amor. Yo necesitaba tranquilizarlo, demostrar más mi afecto, decir que podría realizar su sueño, porque estaría a su lado, ayudándolo.

El guardia se alejó, y uno de los sacerdotes empezó a rezar el rosario en voz baja. Cuando llegamos al credo que cierra la serie de oraciones, todos permanecieron quietos, con los ojos cerrados.

–¿Quiénes son esas personas? –pregunté.

–Carismáticos –dijo él.

Ya había oído la palabra, pero no sabía exactamente qué significaba. Él se dio cuenta.

–Son las personas que aceptan el fuego del Espíritu Santo –dijo–. El fuego que Jesús dejó, y donde pocos encendieron sus velas. Son personas que están próximas a la verdad original del cristianismo, cuando todos podían obrar milagros. Son personas guiadas por la Mujer Vestida de Sol –dijo, señalando con los ojos hacia la Virgen.

El grupo, como obedeciendo a una orden invisible, empezó a cantar en voz baja.

–Estás temblando de frío. No hace falta que participes –dijo él.

–¿Tú te quedas?

–Yo me quedo. Esto es mi vida.

–Entonces quiero participar –respondí, aunque hubiera preferido estar lejos de allí–. Si éste es tu mundo, quiero aprender a formar parte de él.

El grupo siguió cantando. Cerré los ojos y traté de seguir la música, aunque no entendía bien el francés. Repetía las palabras sin entender su significado, dejándome llevar por el sonido. Pero eso me ayudaba a pasar más rápidamente el tiempo.

Aquello terminaría en seguida. Después podríamos regresar a Saint-Savin, los dos solos.

Seguí cantando mecánicamente. Al poco rato empecé a notar que la música me iba dominando, como si tuviese vida propia y fuese capaz de hipnotizarme.

Fue pasando el frío..., y ya no prestaba atención a la lluvia, ni al hecho de tener una sola muda. La música me hacía bien, me alegraba el espíritu, me transportaba a una época en la que Dios estaba más próximo, y me ayudaba.

Cuando ya casi me había entregado por completo, la música cesó.

Abrí los ojos. Esta vez no era el guardia, sino un cura. Se dirigía a un sacerdote del grupo. Conversaron un poco en voz baja, y el cura se alejó.

El sacerdote vino hacia nosotros.

—Tendremos que rezar nuestras oraciones al otro lado del río —dijo.

En silencio, caminamos hasta el sitio indicado. Cruzamos el puente que queda casi delante de la gruta y llegamos a la otra orilla. El sitio era más bonito: árboles, un descampado y el río, que ahora nos separaba de la gruta. Desde allí podíamos ver claramente la imagen iluminada y soltar mejor nuestra voz, sin la desagradable sensación de estar perturbando la oración de los demás.

Esa impresión debió de haber contagiado a todo el grupo; las personas comenzaron a cantar más fuerte, levantando el rostro, sonriendo bajo las gotas de lluvia que les corrían por la cara. Alguien levantó los brazos, y en el momento siguiente todos tenían los brazos levantados, balanceándolos a un lado y a otro al ritmo de la música.

Yo luchaba por entregarme, y al mismo tiempo quería prestar atención a lo que estaban haciendo. A mi lado un sacerdote cantaba en español, e intenté repetir sus palabras. Eran invocaciones al Espíritu Santo, a la Virgen..., para que estuviesen presentes y derramasen sus bendiciones y sus poderes sobre cada uno de nosotros.

—Que el don de las lenguas descienda sobre nosotros —dijo otro sacerdote, repitiendo la frase en español, italiano y francés.

No entendí muy bien lo que ocurrió a continuación. Cada una de aquellas personas empezó a hablar una lengua que no se parecía a ninguno de los idiomas conocidos. Más que una lengua era un barullo, con palabras que parecían venir directamente del alma, sin sentido lógico. Recordé en seguida nuestra conversación en la iglesia, cuando él me habló de la revelación, de que toda la sabiduría consistía en escuchar la propia alma.

«Tal vez sea éste el lenguaje de los ángeles», pensé, tratando de imitar lo que hacían, y sintiéndome ridícula.

Todos miraban hacia la Virgen del otro lado del río, como en trance. Lo busqué con la mirada, y vi que estaba un poco alejado. Tenía las manos levantadas hacia el cielo, y decía también palabras rápidas, como si conversase con Ella. Sonreía, asentía, y a veces ponía cara de sorpresa.

«Éste es su mundo», pensé.

Aquello empezó a asustarme. El hombre que yo quería a mi lado decía que Dios también era mujer, hablaba lenguas incomprensibles, entraba en trance y parecía próximo a los ángeles. La casa de la montaña empezó a parecer menos real, como si formase parte de un mundo que él ya había dejado atrás.

Todos aquellos días —desde la conferencia en Madrid— me parecían parte de un sueño, un viaje fuera del tiempo y del espacio de mi vida. Entretanto, el sueño tenía sabor de mundo, de romance, de nuevas aventuras. Por mucho que me resistiese, sabía que el amor incendia fácilmente el corazón de una mujer, y sólo era cuestión de tiempo hasta que yo dejase al viento soplar y al agua destruir las paredes de la presa. Por poco dispuesta que hubiese estado al principio, yo ya había amado y creía saber cómo lidiar con la situación.

Pero había allí algo que no lograba entender. No era ése el catolicismo que me habían enseñado en el colegio. No era así como veía al hombre de mi vida.

«Hombre de mi vida; qué extraño», dije para mis adentros, sorprendida por ese pensamiento.

Delante del río y de la gruta, sentí miedo y celos. Miedo porque todo aquello era nuevo para mí, y lo nuevo siempre me asusta. Celos porque ya comprendía que su amor era más grande de lo que yo pensaba, y se extendía por terrenos que yo jamás había pisado.

«Perdóname, Nuestra Señora –dije–. Perdóname si soy mezquina, pequeña, al disputar la exclusividad del amor de este hombre.» ¿Y si su vocación fuese realmente salir del mundo, encerrarse en el seminario y conversar con los ángeles?

Porque ¿cuánto resistiría antes de dejar la casa, los discos y los libros, y regresar a su verdadero camino? Y aunque no volviese nunca más al seminario, ¿cuál sería el precio que yo tendría que pagar para mantenerlo alejado de su verdadero sueño?

Todos parecían estar concentrados en lo que hacían, menos yo. Tenía los ojos clavados en él, y él hablaba en la lengua de los ángeles.

Donde había miedo y celos ahora había soledad. Los ángeles tenían con quién conversar, y yo estaba sola.

No sé qué fue lo que me empujó a hablar aquella lengua extraña. Quizá la necesidad inmensa de encontrarme con él, de decir lo que sentía. Quizá porque necesitaba dejar que mi alma conversase conmigo; mi corazón tenía muchas dudas, y exigía respuestas.

No sabía bien qué hacer; la sensación de ridículo era muy grande. Pero allí estaban hombres y mujeres de todas las edades, sacerdotes y laicos, novicios y monjas, estudiantes y viejos. Aquello me dio coraje, y pedí al Espíritu Santo que me hiciese vencer la barrera del miedo.

«Prueba —me dije—. Basta con abrir la boca y tener el coraje de decir cosas que no entiendes. Prueba.»

Decidí probar. Pero antes pedí que aquella noche —de un día tan largo que no lograba recordar cuándo había empezado— fuese una epifanía, un nuevo comienzo para mí.

Dios parecía haberme escuchado. Las palabras empezaron a salir con mayor libertad, y fueron perdiendo en seguida el significado de la lengua de los hombres. Disminuyó la vergüenza, aumentó la confianza, y la lengua empezó a fluir con libertad. Aunque no entendiese nada de lo que decía, aquello tenía sentido para mi alma.

El simple hecho de tener valor para decir cosas sin sentido empezó a ponerme eufórica. Yo era libre, no necesitaba buscar o dar explicaciones de mis actos. Esta libertad me transportaba al cielo, donde un Amor Mayor, que todo lo perdona y jamás se siente abandonado, me acogía en su seno.

«Parece que estoy recuperando mi fe», pensaba, sorprendida de todos los milagros que el amor puede hacer. Sentía a la Virgen a mi lado, tranquilizándome en su regazo, tapándome y calentándome con su manto. Las palabras extrañas salían cada vez más rápido de mi boca.

Comencé a llorar sin darme cuenta. La alegría me

invadía el corazón, me inundaba. Era más fuerte que los miedos, que mis certezas mezquinas, que el intento de controlar cada segundo de mi vida.

Sabía que aquel llanto era un don; en el colegio de monjas me habían enseñado que los santos lloraban en el éxtasis. Abrí los ojos, contemplé el cielo oscuro y sentí que mis lágrimas se mezclaban con la lluvia. La tierra estaba viva, el agua que venía de arriba traía de vuelta el milagro de las alturas. Nosotros éramos parte de ese milagro.

–Qué bien, Dios puede ser mujer –dije en voz baja, mientras los demás cantaban–. Si es así, fue Su rostro femenino el que nos enseñó a amar.

–Vamos a rezar en grupos de ocho –dijo el sacerdote en español, italiano y francés.

De nuevo me sentí desorientada, sin entender nada de lo que estaba pasando. Alguien se me acercó y me pasó el brazo por encima del hombro. Otra persona hizo lo mismo del otro lado.

Formamos un círculo de ocho personas abrazadas. Luego nos inclinamos hacia delante y nuestras cabezas se tocaron.

Parecíamos una tienda humana. La lluvia había arreciado un poco, pero nadie le prestaba atención. La posición en que estábamos concentraba todas nuestras energías y nuestro calor.

–Que la Inmaculada Concepción ayude a mi hijo, y le haga encontrar su camino –dijo la voz del hombre que me había abrazado del lado derecho–. Pido que recemos un avemaría por mi hijo.

–Amén –respondieron todos. Y las ocho personas rezaron el avemaría.

–Que la Inmaculada Concepción me ilumine y despierte en mí el don de la cura –dijo la voz de una mujer en nuestra «tienda»–. Recemos un avemaría.

Todos, de nuevo, dijeron «amén», y rezaron. Cada persona hizo una petición, y todos participaron en las oraciones. Estaba sorprendida de mí misma, porque rezaba como una niña, y como una niña creía que aquellas gracias serían otorgadas.

El grupo se quedó en silencio durante una fracción de segundo. Vi que había llegado mi turno para pedir alguna cosa. En cualquier otra circunstancia yo me habría muerto de vergüenza, y no habría sido capaz de abrir la boca. Pero había una Presencia, y esa presencia me daba confianza.

–Que la Inmaculada Concepción me enseñe a amar como ella –dije–. Que ese amor me haga crecer a mí y al hombre a quien fue dedicado. Recemos un avemaría.

Rezamos juntos, y tuve de nuevo una sensación de libertad. Durante años había luchado contra mi corazón, porque tenía miedo a la tristeza, al sufrimiento, al abandono. Siempre había sabido que el verdadero amor estaba por encima de todo eso, y que era mejor morir que dejar de amar.

Pero veía que sólo los demás tenían coraje. Y ahora, en este momento, descubría que yo también era capaz. Aunque significase partida, soledad, tristeza, el amor valía cada céntimo de su precio.

«No puedo estar pensando en estas cosas, tengo que concentrarme en el ritual.» El sacerdote que conducía el grupo pidió que se deshiciesen los grupos, y que ahora orásemos por los enfermos. Las personas rezaban, cantaban, bailaban bajo la lluvia, adorando a Dios y a la Virgen María. De vez en cuando todos volvían a hablar lenguas extrañas, y a mover los brazos apuntando al cielo.

–Alguien que está aquí y que tiene una nuera enferma, que sepa que ella está siendo curada –dijo una mujer, en determinado momento.

Volvían las oraciones, y volvían los cantos y la alegría. De vez en cuando se oía de nuevo la voz de aquella mujer.

–Alguien de este grupo que perdió hace poco a su madre, debe tener fe y saber que ella está en la gloria de los cielos.

Más tarde él me contó que éste era un don de la profecía, que ciertas personas eran capaces de presentir lo que estaba sucediendo en un lugar distante, o lo que sucedería en poco tiempo.

Pero aunque yo no me hubiese enterado nunca de esto, creía en la fuerza de la voz que hablaba de milagros. Esperaba que ella, en algún momento, dijese algo sobre el amor de dos personas allí presentes. Tenía la esperanza de oírle proclamar que ese amor estaba bendecido por todos los ángeles, los santos, por Dios y por la Diosa.

No sé cuánto tiempo duró aquel ritual. Las personas volvieron a hablar lenguas extrañas, cantaron, bailaron con los brazos levantados hacia el cielo, rezaron por el vecino, pidieron milagros, dieron testimonio de gracias que les habían sido concedidas.

Finalmente, el padre que conducía la ceremonia dijo:

–Vamos a rezar cantando, por todas las personas que participaron por primera vez en esta renovación carismática.

Yo no debía de ser la única. Eso me tranquilizó.

Todos cantaron una oración. Esta vez yo sólo escuché, pidiendo que las gracias descendiesen sobre mí.

Las necesitaba mucho.

–Vamos a recibir la bendición –dijo el padre.

Todos se volvieron hacia la gruta iluminada, en la orilla de enfrente. El padre rezó varias oraciones, y nos bendijo. Luego todos se besaron, se desearon «feliz día de la Inmaculada Concepción» y siguieron su camino.

Él se acercó. Tenía una expresión más alegre que de costumbre.

—Estás empapada —dijo.

—Tú también —respondí, riendo.

Subimos al coche y regresamos a Saint-Savin. Yo había ansiado mucho ese momento, pero ahora que había llegado no sabía qué decir. No conseguía hablar de la casa en las montañas, del ritual, de los libros y discos, de las lenguas extrañas y de las oraciones en grupo.

Él vivía en dos mundos. En algún lugar del tiempo, esos dos mundos se fundían en uno solo, y yo necesitaba descubrir cómo.

Pero en ese momento de nada servían las palabras. El amor se descubre mediante la práctica de amar.

–No tengo más que un jersey –dijo él cuando llegamos a la habitación–. Puedes usarlo. Mañana compraré otro para mí.

–Pongamos la ropa sobre el radiador. Mañana estará seca –respondí–. De todos modos, todavía tengo la blusa que lavé ayer.

Por unos instantes nadie dijo nada.

Ropas. Desnudez. Frío.

Él finalmente sacó de entre sus ropas otra camiseta.

–Esto te servirá para dormir –dijo.

–Claro –respondí.

Apagué la luz. En la oscuridad, me quité la ropa mojada, la extendí sobre el radiador e hice girar el botón hasta el máximo.

La claridad del farol allá fuera bastaba para que él pudiese ver mi silueta, saber que estaba desnuda. Me puse la camiseta y me metí debajo de las mantas de mi cama.

–Te amo –le oí decir.

–Estoy aprendiendo a amarte –respondí.

Él encendió un cigarrillo.

–¿Crees que llegará el momento ideal? –preguntó.

Yo sabía de qué hablaba. Me levanté y fui a sentarme en el borde de su cama.

La brasa del cigarrillo le iluminaba el rostro de vez en cuando. Me apretó la mano y estuvimos así unos instantes. Después le acaricié los cabellos.

–No deberías preguntar –respondí–. El amor no hace muchas preguntas, porque si empezamos a pensar empezamos a tener miedo. Es un miedo inexplicable, y no vale la pena intentar traducirlo en palabras.

»Puede ser el miedo al desprecio, a no ser aceptada, a quebrar el encanto. Parece ridículo, pero es así. Por eso no se pregunta: se actúa. Como tú mismo has dicho tantas veces, se corren los riesgos.

–Lo sé. Nunca había preguntado.

–Ya tienes mi corazón –respondí, fingiendo no haber oído sus palabras–. Mañana puedes partir, y recordaremos siempre el milagro de estos días; el amor romántico, la posibilidad, el sueño.

»Pero creo que Dios, en Su infinita sabiduría, escondió el Infierno dentro del Paraíso. Para que estuviésemos siempre atentos. Para no dejarnos olvidar la columna del Rigor mientras vivimos la alegría de la Misericordia.

Las manos de él tocaron con más fuerza mis cabellos.

–Aprendes rápido –dijo.

Yo estaba sorprendida de lo que acababa de decir. Pero si uno acepta que sabe, termina sabiendo de verdad.

–No pienses que soy difícil –dije–. Ya he tenido muchos hombres. Ya he hecho el amor con personas a las que en realidad no conocía.

–Yo también –respondió él.

Trataba de actuar con naturalidad, pero por la

141

manera en que me tocaba la cabeza vi que no le había resultado fácil oír mis palabras.

–Sin embargo, desde hoy por la mañana he recuperado misteriosamente la virginidad. No trates de entender, porque sólo quien es mujer sabe lo que digo. Estoy descubriendo de nuevo el amor. Y eso lleva tiempo.

Él me soltó los cabellos y me tocó el rostro. Yo le besé levemente en los labios y volví a mi cama.

No lograba entender por qué actuaba de esa manera. No sabía si lo hacía para atarlo aún más o para dejarlo en libertad.

Pero el día había sido largo. Estaba demasiado cansada para pensar.

Tuve una noche de inmensa paz. En cierto momento, aunque seguía durmiendo, fue como si estuviese despierta. Una presencia femenina me sentó en su regazo, y era como si yo la conociese desde hacía mucho tiempo, porque me sentía protegida y amada.

Me desperté a las siete de la mañana, muerta de calor. Recordé que había puesto la calefacción al máximo para secar la ropa. Todavía estaba oscuro, y traté de levantarme sin hacer ruido, para no molestarle.

Al levantarme, vi que él no estaba.

Me entró el pánico. La Otra despertó inmediatamente y me dijo: «¿Ves? Fue aceptar tú y él desapareció. Como todos los hombres».

El pánico aumentaba cada minuto. Yo no podía perder el control. Pero la Otra no paraba de hablar.

«Aún estoy aquí –decía–. Dejaste que el viento cambiase de dirección, abriste la puerta y el amor está inundando tu vida. Si procedemos con rapidez, lograremos controlarlo.»

Yo necesitaba ser práctica. Tomar precauciones.

«Se fue –prosiguió la Otra–. Tienes que salir de este

fin del mundo. Tu vida en Zaragoza aún está intacta; vuelve corriendo. Antes de perder lo que conseguiste con tanto esfuerzo.»

«Él debe de tener sus motivos», pensé.

«Los hombres siempre tienen motivos –respondió la Otra–. Pero el hecho es que terminan dejando a las mujeres.»

Entonces tengo que saber cómo vuelvo a España. El cerebro necesita estar ocupado todo el tiempo.

«Vayamos al lado práctico: dinero», decía la Otra.

No me quedaba un céntimo. Tenía que bajar, llamar a mis padres a cobro revertido, y esperar a que me enviasen dinero para un billete de regreso.

Pero es día festivo, y el dinero no llegará hasta mañana. ¿Qué hago para comer? ¿Cómo explicar a los dueños de la casa que deberán esperar dos días para recibir el pago?

«Mejor no decir nada», respondió la Otra. Sí, ella tenía experiencia, sabía lidiar con situaciones como ésta. No era una muchacha apasionada que pierde el control, sino una mujer que siempre había sabido lo que quería en la vida. Yo debía seguir allí, como si nada hubiese pasado, como si él fuese a regresar. Y cuando llegase el dinero, pagaría las deudas y me marcharía.

«Muy bien –dijo la Otra–. Estás volviendo a ser la que eras. No te pongas triste, porque un día encontrarás a un hombre. Alguien a quien puedas amar sin riesgos.»

Fui a buscar las ropas que había puesto en el radiador. Estaban secas. Necesitaba saber en cuál de aquellos pueblos había un banco, llamar por teléfono, tomar medidas. Mientras pensase en eso, no tendría tiempo para llorar ni para sentir añoranza.

Fue entonces cuando vi el papel:

«He ido al seminario. Arregla tus cosas (¡ja!, ¡ja!, ¡ja!), pues viajamos esta noche a España. Volveré al atardecer.»

Y se despedía con estas palabras: *«Te amo»*.

Apreté el papel contra el pecho, y me sentí miserable y aliviada al mismo tiempo. Noté que la Otra se encogía, sorprendida del descubrimiento.

Yo también lo amaba. A cada minuto, a cada segundo, ese amor crecía y me transformaba. Volvía a tener fe en el futuro y volvía –poco a poco– a tener fe en Dios.

Todo por causa del amor.

«No quiero volver a conversar con mis propias tinieblas –me prometí, cerrándole definitivamente la puerta a la Otra–. Una caída de la tercera planta hiere tanto como una caída de la centésima planta.»

Si tenía que caer, que fuera de lugares bien altos.

–No vuelva a salir en ayunas –dijo la mujer.

–No sabía que hablaba español –respondí, sorprendida.

–La frontera está cerca. Los turistas vienen a Lourdes en verano. Si no sé español, no alquilo cuartos.

Hacía tostadas y café con leche. Comencé a preparar mi espíritu para afrontar aquel día; cada hora iba a durar un año. Quise distraerme un poco con la comida.

–¿Cuánto hace que están casados? –preguntó ella.

–Él fue el primer amor de mi vida –respondí. Era suficiente.

–¿Ve esos picos de ahí fuera? –prosiguió la mujer–. El primer amor de mi vida murió en una de esas montañas.

–Pero usted encontró a alguien.

–Sí, encontré. Y conseguí ser feliz de nuevo. El destino es curioso; casi no conozco a nadie que se haya casado con el primer amor de su vida.

»Las que lo hicieron están siempre diciéndome que perdieron algo importante, que no vivieron todo lo que necesitaban vivir.

La mujer dejó de hablar de repente.

–Disculpe –dijo–. No quería ofenderla.

146

–No me ofende.

–Siempre miro esa fuente que está ahí fuera. Y me quedo pensando: antes nadie sabía dónde estaba el agua, hasta que Savin decidió cavar, y la descubrió. Si no hubiese hecho eso, la ciudad estaría allá abajo, cerca del río.

–¿Y eso qué tiene que ver con el amor? –pregunté.

–Esa fuente trajo a las personas, con sus esperanzas, sus sueños y sus conflictos. Alguien tuvo la osadía de buscar el agua, y el agua se reveló, y todos se reunieron a su alrededor. Pienso que, cuando buscamos el amor con coraje, el amor se revela, y terminamos atrayendo más amor. Si una persona nos quiere, todos nos quieren.

»Del mismo modo, si estamos solos, nos quedamos más solos todavía. Es extraña la vida.

–¿Ha oído usted hablar de un libro titulado *I Ching*? –pregunté.

–Nunca.

–Ese libro dice que se puede mudar una ciudad, pero que no se puede cambiar una fuente de lugar. Los amantes se encuentran, matan la sed, construyen sus casas, crían a sus hijos alrededor de la fuente.

»Pero si uno decide partir, la fuente no puede seguirlo. El amor queda allí, abandonado, aunque colmado de la misma agua pura de antes.

–Habla como una vieja que ya ha sufrido mucho, hija mía –dijo.

–No. Siempre tuve miedo. Nunca busqué la fuente. Lo estoy haciendo ahora, y no quiero olvidarme de los riesgos.

Sentí que algo me incomodaba en el bolsillo del pantalón. Cuando noté lo que era, se me heló el corazón. Terminé de tomar el café a toda prisa.

La llave. Yo tenía la llave.

–Hubo una mujer aquí, en esta ciudad, que murió y lo dejó todo al seminario de Tarbes –dije–. ¿Sabe usted dónde queda su casa?

La mujer abrió la puerta y me indicó. Era una de las casas medievales de la plazoleta, cuya parte trasera daba hacia el valle y las montañas.

–Dos padres estuvieron allí hace casi dos meses –dijo ella–. Y...

La mujer me miró, con aire dubitativo.

–Y uno de ellos se parecía a su marido –dijo, tras una larga pausa.

–Era él –respondí mientras salía, contenta de haber dejado a mi niña interior hacer una travesura.

Me quedé parada delante de la casa, sin saber qué hacer. La bruma lo cubría todo, y yo tenía la sensación de estar en un sueño gris, donde aparecen figuras extrañas que nos llevan a sitios todavía más extraños.

Mis dedos palpaban nerviosamente la llave.

Con toda aquella niebla, sería imposible ver las montañas desde la ventana. La casa estaría oscura, sin el sol en las cortinas. La casa estaría triste sin la presencia de él a mi lado.

Miré el reloj. Nueve de la mañana.

Necesitaba hacer alguna cosa, algo que me ayudase a pasar el tiempo, a esperar.

Esperar. Ésa fue la primera lección que aprendí sobre el amor. El día se arrastra, haces miles de planes, imaginas todas las conversaciones posibles, prometes cambiar tu comportamiento... y te vas poniendo ansiosa y ansiosa, hasta que llega tu amado.

Entonces ya no sabes qué decir. Esas horas de espera se han transformado en tensión, la tensión en miedo, y el miedo hace que nos dé vergüenza mostrar nuestro afecto.

«No sé si debo entrar.» Recordé la conversación del día anterior: aquella casa era el símbolo de un sueño.

Pero yo no podía quedarme allí parada todo el día. Me armé de valor, saqué la llave del bolsillo y caminé hacia la puerta.

–¡Pilar!

La voz, con un fuerte acento francés, venía de la neblina. Me quedé más sorprendida que asustada. Podía ser el dueño de la casa donde teníamos alquilada la habitación, pero no me acordaba de haber dicho mi nombre.

–¡Pilar! –repitió, esta vez más cerca.

Miré hacia la plaza, cubierta de niebla. Se acercaba un bulto, caminando rápido. La pesadilla de las neblinas con sus figuras extrañas se estaba transformando en realidad.

–Espere –dijo el hombre–. Quiero hablar con usted.

Cuando estuvo cerca, vi que era un cura. Su figura parecía una de esas caricaturas de curas de provincias: bajo, un poco gordo, algunas hebras de cabello blanco desparramadas por la cabeza casi calva.

–Hola –dijo, tendiendo la mano y mostrando una ancha sonrisa.

Atónita, respondí a su saludo.

–Es una pena que la niebla lo esté cubriendo todo –dijo, mirando hacia la casa–. Saint-Savin está en una montaña, y la vista desde esta casa es magnífica. Desde las ventanas se divisa el valle allá abajo, y los picos helados allá arriba. Usted ya debe de saberlo.

En seguida deduje quién era: el superior del convento.

–¿Qué hace usted aquí? –pregunté–. ¿Y cómo sabe mi nombre?

–¿Quiere entrar? –dijo, cambiando de tema.

–No. Quiero que conteste a lo que le he preguntado.

Se frotó las manos para calentarlas un poco y se sentó en el umbral de la puerta. Yo me senté a su lado. La neblina era cada vez más espesa, y había ocultado la iglesia, que no estaba a más de veinte metros de nosotros.

Todo lo que conseguíamos ver era la fuente. Recordé las palabras de la mujer.

–Ella está presente –dije.

–¿Quién?

–La Diosa –respondí–. Ella es esta bruma.

–¡Entonces él conversó con usted sobre esto! –Se rió–. Bien, prefiero llamarla Virgen María. Estoy más acostumbrado.

–¿Qué hace usted aquí? ¿Cómo sabe mi nombre? –repetí.

–Vine porque quería verles. Alguien que estaba en el grupo carismático ayer por la noche me contó que ustedes se hospedaban en Saint-Savin. Y ésta es una ciudad muy pequeña.

–Él ha ido al seminario.

El padre dejó de sonreír y movió la cabeza a un lado y a otro.

–Qué pena –dijo, como si hablase para sí.

–¿Pena porque fue a visitar el seminario?

–No, él no está en el seminario. Vengo de allí.

Se quedó callado unos minutos. Recordé de nuevo la sensación que tuve al despertar: el dinero, las precauciones, la llamada telefónica a mis padres, el billete. Pero había hecho un juramento, y mantendría mi palabra.

A mi lado estaba un cura. De niña me habían acostumbrado a contárselo todo a los curas.

–Estoy exhausta –dije, rompiendo el silencio–. Hace menos de una semana sabía quién era y qué quería de la vida. Ahora parece que haya entrado en una tempestad que me arrastra de un lado para otro sin que yo pueda hacer nada.

–Resista –dijo el padre–. Es importante.

Me sorprendió el comentario.

–No se asuste –prosiguió, como si adivinase mi pensamiento–. Sé que la Iglesia necesita nuevos sacerdotes, y él sería un padre excelente. Pero el precio que tendrá que pagar será muy alto.

–¿Dónde está? ¿Me dejó aquí y se marchó a España?

–¿A España? Él no tiene nada que hacer en España –dijo el padre–. Su casa es el monasterio, que está a pocos kilómetros de aquí.

«No está en el monasterio. Y sé dónde puedo encontrarlo.»

Las palabras del padre me devolvieron un poco de valor y de alegría; por lo menos no se había ido.

Pero el padre había dejado de sonreír.

–No se alegre –prosiguió, leyéndome de nuevo los pensamientos–. Le hubiera convenido regresar a España.

El padre se levantó y me pidió que lo acompañase. Sólo podíamos ver algunos metros por delante, pero parecía que él sabía adónde iba. Salimos de Saint-Savin por el mismo camino en el que dos noches antes –¿o serían cinco años antes?– había escuchado la historia de Bernadette.

–¿Adónde vamos? –pregunté.

–Vamos a buscarlo –respondió el padre.

–Padre, me deja confusa –dije, cuando nos pusimos

153

en marcha–. Parece que se puso triste cuando le dije que él no estaba.

–¿Qué sabe de la vida religiosa, hija?

–Muy poco. Que los curas hacen voto de pobreza, de castidad y de obediencia.

Pensé si debía continuar o no, pero decidí seguir adelante.

–Y que juzgan los pecados de los demás, aunque ellos cometan esos mismos pecados. Que creen saberlo todo sobre el matrimonio y el amor, pero nunca se han casado. Que nos amenazan con el fuego del infierno por pecados que también ellos cometen.

»Y nos muestran a Dios como un ser vengador, que culpa al hombre de la muerte de su único Hijo.

El padre se rió.

–Usted tuvo una excelente educación católica –dijo–. Pero no le pregunto sobre el catolicismo. Le pregunto sobre la vida espiritual.

Me quedé sin respuesta.

–No estoy segura –dije al fin–. Son personas que lo dejan todo y parten en busca de Dios.

–¿Y lo encuentran?

–Usted sabe esa respuesta. Yo no tengo ni idea.

El padre se dio cuenta de que yo jadeaba y redujo el paso.

–Ha dado una definición errónea –empezó–. Quien parte en busca de Dios pierde su tiempo. Puede recorrer muchos caminos, afiliarse a muchas religiones y sectas, pero de esa manera jamás Lo encontrará.

»Dios está aquí, ahora, a nuestro lado. Podemos verlo en esta bruma, en este suelo, en estas ropas, en estos zapatos. Sus ángeles velan mientras dormimos, y nos ayudan cuando trabajamos. Para encontrar a Dios, basta con mirar alrededor.

»Ese encuentro no es fácil. A medida que Dios nos hace participar de su misterio, nos sentimos más desorientados. Porque Él constantemente nos pide que sigamos nuestros sueños y nuestro corazón. Hacer eso es difícil, porque estamos acostumbrados a vivir de una manera diferente.

»Y descubrimos, con sorpresa, que Dios nos quiere ver felices, porque Él es padre.

–Y madre –dije.

La neblina comenzaba a levantarse. Vi una pequeña casa de campesinos donde una mujer recogía leña.

–Sí, y madre –dijo–. Para tener una vida espiritual, uno no necesita entrar en un seminario, ni tiene que hacer ayuno, abstinencia y castidad.

»Basta con tener fe y aceptar a Dios. A partir de ahí, cada uno se transforma en Su camino, pasamos a ser el vehículo de Sus milagros.

–Él ya me habló de usted –interrumpí–. Y me enseñó estas mismas cosas.

–Espero que usted acepte sus dones –respondió el padre–. Porque no siempre ocurre, como nos enseña la historia. A Osiris lo descuartizan en Egipto. Los dioses griegos se enemistan por culpa de mujeres y hombres de la Tierra. Los aztecas expulsan a Quetzalcóatl. Los dioses vikingos asisten al incendio del Valhalla por causa de una mujer. Jesús es crucificado.

»¿Por qué?

Yo no tenía respuesta.

–Porque Dios viene a la Tierra a mostrarnos nuestro poder. Formamos parte de Su sueño, y Él quiere un sueño feliz. Por lo tanto, si admitimos que Dios nos creó para la felicidad, tendremos que asumir que todo aquello que nos lleva a la tristeza y a la derrota es culpa nuestra.

155

»Por eso siempre matamos a Dios. Sea en la cruz, en el fuego, en el exilio, sea en nuestro corazón.

–Pero aquellos que Lo entienden...

–Ésos transforman el mundo. A costa de mucho sacrificio.

La mujer que recogía leña vio al padre y vino corriendo en nuestra dirección.

–¡Padre, gracias! –dijo, besándole las manos–. ¡El mozo curó a mi marido!

–Quien lo curó fue la Virgen –respondió el padre acelerando el paso–. Él es apenas un instrumento.

–Fue él. Entre, por favor.

Me acordé inmediatamente de la noche anterior. Cuando estábamos llegando a la basílica, un hombre me había dicho algo así como «¡Usted está con un hombre que hace milagros!».

–Andamos con prisa –dijo el padre.

–No, no es cierto –respondí, muriéndome de vergüenza al hablar en francés, una lengua que no era la mía–. Tengo frío, y quiero tomar un café.

La mujer me agarró de la mano y entramos. La casa era cómoda, pero sin lujos; paredes de piedra, suelo y techo de madera. Sentado delante del fuego encendido, había un hombre de unos sesenta años.

Al ver al padre, se levantó para besarle la mano.

–Quédese sentado –dijo el padre–. Aún tiene que recuperarse.

–Ya he engordado diez kilos –respondió el hombre–. Pero todavía no puedo ayudar a mi mujer.

–No se preocupe. Pronto estará mejor que antes.

–¿Dónde está el muchacho? –preguntó el hombre.

–Yo lo vi pasar hacia donde va siempre –dijo la mujer–. Sólo que hoy iba en coche.

El padre me miró sin decir nada.

—Bendíganos, padre —dijo la mujer—. El poder de él...

—... de la Virgen —corrigió el padre.

—... de la Virgen Madre, también es del señor. Fue el señor quien lo trajo aquí.

Esta vez el padre evitó mirarme.

—Rece por mi marido —insistió la mujer.

El padre respiró hondo.

—Póngase de pie delante de mí —dijo al hombre.

El viejo obedeció. El padre cerró los ojos y rezó un avemaría. Después, invocó al Espíritu Santo, pidiendo que estuviese presente y ayudase a aquel hombre.

De un momento para otro, empezó a hablar rápido. Parecía una oración de exorcismo, aunque yo ya no pudiese seguir lo que decía. Sus manos tocaban los hombros del viejo, y se deslizaban por los brazos, hasta los dedos. El padre repitió todo eso varias veces.

El fuego empezó a crepitar con más fuerza en el hogar. Podía ser una coincidencia, pero quizá el padre estaba entrando en terrenos que yo no conocía, y que interferían en los elementos.

Yo y la mujer nos asustábamos cada vez que estallaba un leño. El padre no se daba cuenta; estaba entregado a su tarea: era un instrumento de la Virgen, como había dicho antes. Hablaba en aquella lengua extraña. Las palabras salían con una velocidad sorprendente. Las manos ya no se le movían, estaban colocadas sobre los hombros del hombre que tenía delante.

De repente, tal como había comenzado, el ritual concluyó. El padre se volvió e impartió una bendición convencional, dibujando con la mano derecha una enorme señal de la cruz.

—Dios esté siempre en esta casa —dijo.

Y volviéndose hacia mí, me pidió que continuáramos la caminata.

—Pero falta el café —dijo la mujer, al vernos salir.

—Si tomo café ahora, no duermo —dijo el padre.

La mujer se rió y murmuró algo como «todavía es por la mañana». No pude oír bien porque ya estábamos en la carretera.

—Padre, la mujer ha hablado de un joven que había curado a su marido. Fue él.

—Sí, fue él.

Empecé a sentirme mal. Me acordaba del día anterior, de Bilbao, de la conferencia en Madrid, de las personas que hablaban de milagros, de la presencia que sentí cuando rezaba abrazada a los demás.

Y yo amaba a un hombre que era capaz de curar. Un hombre que podía servir al prójimo, llevar alivio al sufrimiento, devolver la salud a los enfermos y la esperanza a sus parientes. Una misión que no cabía en una casa con cortinas blancas y discos y libros preferidos.

—No se culpe, hija mía —dijo el padre.

—Me está leyendo los pensamientos.

—Sí, así es —respondió el padre—. También tengo un don, y trato de merecerlo. La Virgen me enseñó a bucear en el torbellino de las emociones humanas, para saber dirigirlas de la mejor manera posible.

—Usted también hace milagros.

—No soy capaz de curar. Pero tengo uno de los dones del Espíritu Santo.

—Entonces puede leer en mi corazón, padre. Y sabe que amo, y que este amor crece a cada instante. Juntos descubrimos el mundo, y juntos permanecemos en él. Él estuvo presente en todos los días de mi vida, haya querido o no.

¿Qué podía decirle a aquel sacerdote que caminaba

a mi lado? Él jamás entendería que había tenido otros hombres, que me había enamorado, y que si me hubiese casado sería feliz. Cuando todavía era niña, había descubierto y olvidado el amor en una plaza de Soria.

Pero, por lo visto, no había hecho un buen trabajo. Bastaron tres días para que todo volviese.

—Tengo derecho a ser feliz, padre. Recuperé lo que estaba perdido, y no quiero perderlo de nuevo. Voy a luchar por mi felicidad.

»Si renunciara a esta lucha, también renunciaría a mi vida espiritual. Como dice usted, sería apartar a Dios, mi poder y mi fuerza de mujer. Voy a luchar por él, padre.

Yo sabía qué era lo que hacía allí aquel hombre bajo y gordo. Había venido a convencerme de que lo dejase, porque él tenía una misión más importante que cumplir.

No, no iba a creer aquella historia de que al padre que caminaba a mi lado le gustaría que nos casásemos para vivir en una casa igual a aquella de Saint-Savin. El padre decía eso para engañarme, para que bajase las defensas y entonces —con una sonrisa— convencerme de lo contrario.

El sacerdote leyó mis pensamientos sin decir nada. Quizá me estuviese engañando y no podía adivinar lo que pensaban los demás. La neblina se disipaba rápidamente, y ahora veía el camino, la ladera de la montaña, el campo y los árboles cubiertos de nieve. También mis emociones se iban aclarando.

Si fuera verdad, y el padre pudiera leer mis pensamientos, que leyese y lo supiese todo. Que supiese que el día anterior él había querido hacer el amor conmigo, y yo me había negado, y estaba arrepentida.

El día anterior pensaba que si él tuviese que partir,

159

yo siempre podría recordar al viejo amigo de la infancia. Pero eso era una tontería. Aunque no me había penetrado su sexo, me había penetrado algo más profundo, algo que me había llegado al corazón.

–Padre, le amo –repetí.

–Yo también. El amor siempre hace tonterías. En mi caso, me obliga a intentar apartarlo de su destino.

–No será fácil apartarme, padre. Ayer, durante las oraciones frente a la gruta, descubrí que también puedo despertar esos dones de los que usted habla. Y voy a usarlos para mantenerlo a mi lado.

–Ojalá –dijo el padre, con una leve sonrisa en el rostro–. Ojalá lo consiga.

El padre se detuvo, y sacó un rosario del bolso. Después, sosteniéndolo, me miró a los ojos.

–Jesús dice que no se debe jurar, y yo no estoy jurando. Pero le digo, ante la presencia de lo que me es más sagrado, que no desearía que él siguiese la vida religiosa convencional. No me gustaría que fuese ordenado sacerdote.

»Puede servir a Dios de otras maneras. A su lado.

Me costaba creer que estuviese diciendo la verdad. Pero así era.

–Está allí –dijo el padre.

Yo di media vuelta. Vi un coche detenido un poco más adelante. El mismo coche en el que habíamos viajado desde España.

–Siempre viene a pie –respondió, sonriendo–. Esta vez nos quiso hacer creer que venía de lejos.

La nieve me empapaba las zapatillas. Pero el padre llevaba sandalias abiertas, con calcetines de lana, y decidí no protestar.

Si él podía, yo también podía. Empezamos a subir hacia los picos.

–¿Cuánto tiempo vamos a andar?

–Media hora, como máximo.

–¿Adónde estamos yendo?

–Al encuentro de él. Y de otros.

Vi que no quería continuar la conversación. Quizá necesitase todas las energías para subir. Caminamos en silencio; la neblina ya casi se había disuelto del todo, y empezaba a aparecer el disco amarillo del sol.

Por primera vez podía tener una visión completa del valle; un río que corría allá abajo, algunos pueblos dispersos, y Saint-Savin, enclavada en la ladera de aquella montaña. Reconocí la torre de la iglesia, un cementerio que nunca había visto antes y las casas medievales con vista al río.

Un poco más abajo de donde estábamos, en un sitio por donde ya habíamos pasado, un pastor conducía ahora su rebaño de ovejas.

–Estoy cansado –dijo el padre–. Paremos un poco.

161

Limpiamos la nieve que cubría una piedra y nos recostamos. El padre sudaba, y debía de tener los pies congelados.

—Que Santiago conserve mis energías, porque todavía quiero recorrer una vez más su camino —dijo el padre, volviéndose hacia mí.

No entendí el comentario, y resolví cambiar de tema.

—Hay marcas de pasos en la nieve —dije.

—Algunas son de cazadores. Otras son de hombres y mujeres que quieren revivir una tradición.

—¿Qué tradición?

—La misma de san Savin. Retirarse del mundo, venir a estas montañas, contemplar la gloria de Dios.

—Padre, necesito entender algo. Hasta ayer, yo estaba con un hombre que dudaba entre la vida religiosa y el matrimonio. Hoy he descubierto que ese hombre hace milagros.

—Todos hacemos milagros —dijo el padre—. Jesús dice: si tuviéramos una fe del tamaño de un grano de mostaza, diríamos a esta montaña: «¡Muévete!». Y la montaña se movería.

—No quiero clases de religión, padre. Amo a un hombre y quiero saber más de él, entenderlo, ayudarlo. No me importa lo que todos puedan hacer o no hacer.

El padre respiró hondo. Dudó un momento, pero luego habló:

—Un científico que estudiaba a los monos en una isla de Indonesia logró enseñar a cierta mona que debía lavar las patatas en un río antes de comerlas. Sin la arena y la suciedad, el alimento resultaba más sabroso.

»El científico, que hizo eso sólo porque estaba escribiendo un trabajo sobre la capacidad de aprendizaje de los chimpancés, no podía imaginar lo que terminaría ocurriendo. Se sorprendió al ver que los demás monos de la isla empezaban a imitarla.

»Hasta que un buen día, cuando un número determinado de monos aprendió a lavar patatas, los monos de todas las demás islas del archipiélago comenzaron a hacer lo mismo. Pero lo más sorprendente es que estos otros monos habían aprendido sin tener ningún contacto con la isla donde se estaba realizando el experimento.

El padre hizo una pausa.

–¿Lo ha entendido?

–No –respondí.

–Existen varios estudios científicos al respecto. La explicación más común es que, cuando un determinado número de personas evolucionan, toda la raza humana termina evolucionando. No sabemos cuántas personas son necesarias, pero sabemos que es así.

–Como la historia de la Inmaculada –dije–. Se apareció a los sabios del Vaticano y a la campesina ignorante.

–El mundo tiene un alma, y llega un momento en que esa alma está en todo y en todos al mismo tiempo.

–Un alma femenina.

El padre se rió, sin explicarme qué significaba esa risa.

–Además, el dogma de la Inmaculada no fue cosa del Vaticano –dijo–. Ocho millones de personas firmaron una petición al papa pidiéndoselo. Las firmas llegaron de todos los rincones del mundo. La cosa estaba en el aire.

–¿Éste es el primer paso, padre?

–¿De qué?

–Del camino que llevará a Nuestra Señora a ser considerada la encarnación del rostro femenino de Dios. Después de todo, finalmente ya aceptamos que Jesús encarnó su rostro masculino.

–¿Qué quiere decir?

–¿Cuánto tiempo tardaremos en aceptar una Santísima Trinidad en la que aparezca la mujer? La Santísima Trinidad del Espíritu Santo, de la Madre y del Hijo.

–Caminemos –dijo el padre–. Hace mucho frío para quedarnos aquí parados.

—Hace un rato, usted se fijó en mis sandalias —dijo el padre.

—¿También lee el pensamiento? —pregunté.

El padre no me respondió.

—Le voy a contar parte de la historia de la fundación de nuestra Orden religiosa —dijo—. Somos carmelitas descalzos, según las reglas establecidas por santa Teresa de Ávila. Las sandalias son parte de nuestro atuendo; ser capaz de dominar el cuerpo es ser capaz de dominar el espíritu.

»Teresa era una bonita mujer, metida en el convento por el padre para que recibiese una educación más esmerada. Un bello día, mientras iba por un pasillo, empezó a conversar con Jesús. Sus éxtasis eran tan fuertes y profundos que se entregó totalmente a ellos, y en poco tiempo su vida cambió por completo. Viendo que los conventos carmelitas se habían transformado en agencias matrimoniales, resolvió crear una Orden que siguiese las enseñanzas originales de Cristo y del Carmelo.

»Santa Teresa tuvo que vencerse a sí misma, y tuvo que enfrentarse a los grandes poderes de su época: la Iglesia y el Estado. A pesar de eso, siguió adelante, convencida de que necesitaba cumplir su misión.

»Un día, cuando su alma flaqueaba, se le apareció

165

una mujer cubierta de andrajos en la casa donde se hospedaba. Quería hablar a toda costa con la monja. El dueño de la casa le ofreció una limosna, pero ella la rechazó: sólo se iría de allí después de hablar con Teresa.

»Durante tres días esperó fuera, sin comer y sin beber. La monja, apiadada, pidió que entrase.

»—No –dijo el dueño de la casa–. Está loca.

»—Si les hiciese caso a todos, terminaría creyendo que la loca soy yo –respondió la monja–. Puede ser que esta mujer tenga el mismo tipo de locura que tengo yo: la de Cristo en la cruz.

—Santa Teresa hablaba con Cristo –dije.

—Sí –respondió el padre.

»Pero volvamos a la historia. Aquella mujer fue recibida por la monja. Dijo llamarse María de Jesús Yepes, de Granada. Era novicia carmelita cuando la Virgen se le apareció pidiéndole que fundase un convento de acuerdo con las reglas primitivas de la Orden.

«Como santa Teresa», pensé.

—María de Jesús salió del convento el día que tuvo la visión, y se fue caminando descalza hasta Roma. Su peregrinación duró dos años, un período en el que durmió a la intemperie, sintió frío y calor, y sobrevivió a base de limosnas y de la caridad ajena. Fue un milagro llegar allí. Pero todavía fue un milagro más grande que la recibiera el papa Pío IV.

—Porque el papa, lo mismo que Teresa y muchas otras personas, estaba pensando en lo mismo –concluí.

Así como Bernadette no conocía la decisión del Vaticano, así como los monos de otras islas no podían saber del experimento que se estaba realizando, así como María Teresa de Jesús y Teresa no sabían lo que estaba pensando una y otra.

Algo empezaba a tener sentido.

Caminábamos ahora por un bosque. Las ramas más altas, secas y cubiertas de nieve, recibían los primeros rayos del sol. La neblina estaba terminando de disiparse.

—Sé adónde quiere llegar, padre.

—Sí. El mundo vive un momento en el que mucha gente está recibiendo la misma orden.

—Siga sus sueños, transforme su vida en un camino que conduzca hasta Dios. Realice sus milagros. Cure. Realice profecías. Escuche a su ángel de la guarda. Transfórmese. Sea un guerrero, y sea feliz en el combate.

—Corra sus riesgos.

Ahora el sol lo inundaba todo. La nieve empezó a brillar, y la claridad excesiva me lastimaba los ojos. Pero —al mismo tiempo— parecía completar lo que decía el padre.

—¿Y esto qué tiene que ver con él?

—Le he contado el lado heroico de la historia. Pero usted no sabe nada sobre el alma de esos héroes.

Hizo una larga pausa.

—El sufrimiento —prosiguió—. En los momentos de transformación, aparecen los mártires. Antes de que las personas puedan dedicarse a sus sueños, otros tienen que sacrificarse. Afrontan el ridículo, la persecución, el intento de desacreditar sus trabajos.

–La Iglesia quemó a las brujas, padre.

–Sí. Y Roma echó a los cristianos a los leones. Los que murieron en la hoguera o en la arena subieron rápidamente a la Gloria Eterna; fue mejor así.

»Pero hoy los guerreros de la Luz se enfrentan a algo peor que la muerte con honra de los mártires. Son consumidos poco a poco por la vergüenza y la humillación. Eso ocurrió con santa Teresa, que sufrió el resto de su vida. Eso ocurrió con María de Jesús. Eso ocurrió con los alegres niños de Fátima: Jacinta y Francisco murieron a los pocos meses; Lucía se internó en un convento, de donde no salió nunca más.

–Pero no ocurrió eso con Bernadette.

–Claro que sí. Tuvo que soportar la cárcel, la humillación, el descrédito. Él debe de habérselo contado. Debe de haberle contado las palabras de la Aparición.

–Algunas palabras –respondí.

–En las apariciones de Lourdes, las frases de Nuestra Señora no alcanzan para llenar media página de un cuaderno; pero aun así la Virgen se encargó de decirle a la pastora: **«No te prometo felicidad en este mundo»**. ¿Por qué una de las pocas frases fue para prevenir y consolar a Bernadette? Porque Ella sabía del dolor que le esperaba a partir de ese momento si aceptaba su misión.

Yo miraba el sol, la nieve y los árboles sin hojas.

–Él es un revolucionario –siguió diciendo el padre, y el tono de su voz era humilde–. Tiene poder, conversa con Nuestra Señora. Si consigue concentrar bien su energía, puede estar en la vanguardia, ser uno de los líderes de la transformación espiritual de la raza humana. El mundo vive un momento muy importante.

»Si es ésa su elección, va a sufrir mucho. Sus revelaciones llegan antes de tiempo. Conozco lo suficiente el alma humana para saber lo que le espera.

El padre se volvió hacia mí y me puso las manos en los hombros.

–Por favor –dijo–. Apártelo del sufrimiento y de la tragedia que le esperan. Él no lo resistirá.

–Entiendo su amor por él, padre.

El sacerdote meneó la cabeza.

–No, usted no entiende nada. Usted es todavía demasiado joven para conocer las maldades del mundo. Usted, en este momento, también se ve como revolucionaria. Quiere cambiar el mundo con él, abrir caminos, hacer que la historia de amor de ustedes se convierta en algo legendario, que sea contado de generación en generación. Usted todavía cree que el amor puede vencer.

–¿Y acaso no puede?

–Sí, puede. Pero vencerá cuando llegue su hora. Cuando hayan terminado las batallas celestiales.

–Le amo. Y no necesito esperar las batallas celestiales para dejar que mi amor venza.

Su mirada se volvió distante.

–*A orillas de los ríos de Babilonia estábamos sentados y llorábamos* –dijo, como si hablara consigo mismo–. *En los álamos de la orilla teníamos colgadas nuestras cítaras.*

–Qué triste –respondí.

–Son las primeras líneas de un salmo. Habla del exilio, de aquellos que quieren volver a la tierra prometida y no pueden. Y ese exilio todavía va a durar algún tiempo. ¿Qué puedo hacer para intentar impedir el sufrimiento de alguien que quiere regresar al Paraíso antes de tiempo?

–Nada, padre. Absolutamente nada.

169

—Allí está —dijo el padre.

Lo vi. Debía de estar a unos doscientos metros de mí, arrodillado en medio de la nieve. Estaba sin camisa, y desde aquella distancia le vi la piel amoratada por el frío.

Mantenía la cabeza baja y las manos en posición de rezo. No sé si influida por el ritual al que había asistido la noche anterior, o por la mujer que recogía leña junto a la cabaña, sentí que miraba a alguien con una gigantesca fuerza espiritual. Alguien que ya no pertenecía a este mundo, que vivía en comunión con Dios y con los espíritus iluminados de las Alturas. El brillo de la nieve a su alrededor parecía reforzar todavía más esta impresión.

—En este monte existen otros como él —dijo el padre—. En constante adoración, comulgando con la experiencia de Dios y de la Virgen. Escuchando a ángeles, santos, profecías, palabras de sabiduría, y transmitiendo todo eso a un pequeño grupo de fieles. Mientras sigan así, no habrá problema.

»Pero él no se va a quedar aquí. Irá a recorrer el

170

mundo, y a predicar la idea de la Gran Madre. La Iglesia no quiere eso ahora. Y el mundo tiene piedras en la mano para tirárselas a los primeros que toquen el tema.

–Y tienen flores en las manos para tirárselas a los que vengan después.

–Sí. Pero no es ése su caso.

El padre echó a andar hacia donde estaba él.

–¿Adónde va?

–A despertarlo del trance. A decirle que me gustó usted. Y que bendigo esta unión. Quiero hacerlo aquí, en este sitio que para él es sagrado.

Empecé a sentir náuseas, como cuando uno tiene miedo pero no entiende la razón de ese miedo.

–Necesito pensar, padre. No sé si tiene razón.

–No tengo razón –respondió él–. Muchos padres se equivocan con los hijos porque piensan que saben qué es lo mejor para ellos. Yo no soy su padre, y sé que me equivoco. Pero tengo que cumplir mi destino.

Yo estaba cada vez más ansiosa.

–No vamos a interrumpirlo –dije–. Deje que termine su contemplación.

–Él no tendría que estar aquí. Tendría que estar con usted.

–Quizá esté conversando con la Virgen.

–Puede ser. Pero aun así, hemos de ir hasta allí. Si me ve llegar con usted, sabrá que se lo he contado todo. Él sabe lo que pienso.

–Hoy es el día de la Inmaculada Concepción –insistí–. Un día muy especial para él. Acompañé su alegría anoche, delante de la gruta.

–La Inmaculada es importante para todos nosotros –respondió el padre–. Pero ahora soy yo quien no quiere hablar de religión; vamos hasta allí.

171

—¿Por qué ahora, padre? ¿Por qué en este instante?

—Porque sé que está decidiendo su futuro. Y puede ser que escoja el camino equivocado.

Di media vuelta y empecé a caminar en dirección contraria, bajando por el mismo camino que habíamos usado para subir. El padre me siguió.

—¿Qué hace? ¿No ve que es la única que puede salvarlo? ¿No ve que él la ama y lo dejaría todo por usted?

Mis pasos eran cada vez más rápidos, y no resultaba fácil seguirme. A pesar de eso, él continuó andando a mi lado.

—¡En este mismo momento está escogiendo! ¡Puede estar escogiendo dejarla! —dijo el padre—. ¡Luche por lo que ama!

Pero no me detuve. Anduve lo más rápido que pude, dejando atrás la montaña, al padre, las decisiones. Sé que el hombre que corría detrás de mí me leía los pensamientos, y sabía que sería inútil cualquier esfuerzo por hacerme regresar. Pero a pesar de eso insistía, argumentaba, luchaba hasta el último momento.

Por fin llegamos a la piedra donde habíamos descansado media hora antes. Exhausta, me tiré en el suelo.

No pensaba en nada. Quería huir de allí, estar sola, tener tiempo para reflexionar.

El padre llegó algunos minutos más tarde, también agotado por la caminata.

—¿Ve esas montañas alrededor? —preguntó—. Ellas no rezan; ellas ya son la oración de Dios. Son así porque encontraron su lugar en el mundo, y en ese lugar permanecen. Ellas estaban ahí antes de que el hombre mirase el cielo, escuchase el trueno y preguntase quién había creado todo esto. Nacemos, sufrimos, morimos, y las montañas siguen ahí.

»Llega un momento en el que necesitamos pensar

si vale la pena tanto esfuerzo. ¿Por qué no intentar ser como esas montañas: sabias, antiguas, y en el lugar adecuado? ¿Por qué arriesgarlo todo para transformar a media docena de personas que luego olvidan lo que se les enseñó y parten en busca de una nueva aventura? ¿Por qué no esperar a que un determinado número de monos-hombres aprenda, y entonces, sin sufrimientos, se divulgue el conocimiento por todas las demás islas?

–¿Usted cree eso, padre?

El sacerdote calló unos instantes.

–¿Me está leyendo los pensamientos?

–No. Pero si piensa eso, entonces no habría escogido la vida religiosa.

–Muchas veces trato de entender mi destino –dijo–. Y no lo consigo. Acepté ser parte del ejército de Dios, y todo lo que he hecho ha sido intentar explicar a los hombres por qué existe la miseria, el dolor, la injusticia. Intento que sean buenos cristianos, y ellos me preguntan: «¿Cómo puedo creer en Dios, cuando existe tanto sufrimiento en el mundo?».

»E intento explicar lo que no tiene explicación. Intento explicar que existe un plano, una batalla entre ángeles, y que estamos todos involucrados en esa lucha. Intento decir que, cuando un determinado número de personas tenga fe suficiente para cambiar este escenario, todas las demás personas, en todos los lugares del planeta, serán beneficiadas por este cambio. Pero no creen en mí. No hacen nada.

–Son como las montañas –dije–. Son bellas. Quien llega ante ellas no puede dejar de pensar en la grandeza de la Creación. Son pruebas vivas del amor que Dios siente por nosotros, pero el destino de estas montañas es apenas dar testimonio.

173

»No son como los ríos, que se mueven y transforman el paisaje.

–Sí. Pero ¿por qué no ser como ellas?

–Quizá porque debe de ser terrible el destino de las montañas –respondí–. Están obligadas a contemplar siempre el mismo paisaje.

El padre no dijo nada.

–Yo estaba estudiando para ser montaña –continué–. Tenía cada cosa en su sitio. Iba a entrar en un empleo público, casarme, enseñar a mis hijos la religión de mis padres, aunque ya no creyese en ella.

»Hoy estoy decidida a dejar todo eso y seguir al hombre que amo. Felizmente renuncié a ser montaña: no lo podría haber soportado mucho tiempo.

–Usted dice cosas sabias.

–Estoy sorprendida de mí misma. Antes sólo conseguía hablar de la infancia.

Me levanté y seguí bajando. El padre respetó mi silencio, y no intentó hablar conmigo hasta que llegamos a la carretera.

Le agarré las manos y se las besé.

–Me voy a despedir. Pero quiero decirle que lo entiendo, y que entiendo su amor por él.

El padre sonrió, y me echó la bendición.

–También entiendo su amor por él –dijo.

Durante el resto de aquel día caminé por el valle. Jugué con la nieve, estuve en una población cercana a Saint-Savin, comí un bocadillo de pâté, me quedé mirando a unos niños que jugaban al fútbol.

En la iglesia de otro pueblo, encendí una vela. Cerré los ojos y repetí las invocaciones que había aprendido el día anterior. Después empecé a pronunciar palabras sin sentido, mientras me concentraba en la imagen de un crucifijo que había detrás del altar. A los pocos instantes, el don de las lenguas se fue apoderando de mí. Era más fácil de lo que pensaba.

Podía parecer una locura: murmurar cosas, decir palabras que nadie conoce y que no significan nada para nuestro raciocinio. Pero el Espíritu Santo conversaba con mi alma, diciendo cosas que ella necesitaba oír.

Cuando sentí que estaba suficientemente purificada, cerré los ojos y recé:

«Nuestra Señora, devuélveme la fe. Que yo pueda ser también un instrumento de Tu trabajo. Dame la oportunidad de aprender a través de mi amor. Porque el amor nunca apartó a nadie de sus sueños.

»Que yo sea compañera y aliada del hombre que amo. Que él haga todo lo que tenga que hacer... a mi lado.»

175

Cuando regresé a Saint-Savin ya casi era de noche. El coche estaba aparcado delante de la casa donde habíamos alquilado la habitación.

—¿Dónde estuviste? —preguntó él cuando me vio.

—Caminando y rezando —respondí.

Él me dio un fuerte abrazo.

—Por momentos tuve miedo de que te hubieses ido. Tú eres la cosa más preciosa que tengo en esta tierra.

—Tú también —respondí.

Paramos en un pueblo cerca de San Martín de Unx. La travesía de los Pirineos nos había llevado más tiempo del que pensábamos, a causa de la lluvia y la nieve del día anterior.

–Necesitamos encontrar algo abierto –dijo él, bajando del coche–. Tengo hambre.

No me moví.

–Ven –insistió, abriendo mi puerta.

–Quiero hacerte una pregunta. Una pregunta que no he hecho desde que nos encontramos.

Se puso inmediatamente serio. Me dio risa su preocupación.

–¿Es una pregunta muy importante?

–Muy importante –respondí, tratando de parecer seria–. La pregunta es la siguiente: ¿adónde nos dirijimos?

Estallamos en una carcajada.

–A Zaragoza –respondió, aliviado.

Bajé del coche y empezamos a buscar un restaurante abierto. Sería casi imposible, a aquella hora de la noche.

«No, no es imposible. La Otra ya no está conmigo. Ocurren milagros», dije para mis adentros.

–¿Cuándo tienes que llegar a Barcelona? –pregunté.

177

Él no respondió, y su rostro se puso serio. «Tengo que evitar esas preguntas –pensé–. Puede parecer que estoy tratando de controlar su vida.»

Anduvimos un rato sin conversar. En la plaza del pueblo había un letrero encendido: *Mesón El Sol.*

–Allí está abierto. Vamos a comer –fue su único comentario.

Los pimientos del piquillo con anchoas estaban dispuestos en forma de estrella. Al lado, el queso manchego, en tajadas casi transparentes.

En el centro de la mesa, una vela encendida, y una botella de vino Rioja casi por la mitad.

–Esto era una bodega medieval –comentó el chico que servía.

No había casi nadie en el bar a esa hora de la noche. Él se levantó, fue al teléfono y volvió a la mesa. Sentí ganas de preguntarle a quién había llamado, pero esa vez logré contenerme.

–Tenemos abierto hasta las dos y media de la mañana –siguió diciendo el chico–. Pero si quieren les puedo traer más jamón, queso y vino, y se quedan en la plaza. El alcohol mantendrá a raya el frío.

–No vamos a tardar tanto –respondió él–. Tenemos que llegar a Zaragoza antes de que amanezca.

El chico regresó al mostrador. Volvimos a llenar nuestros vasos. Sentía otra vez la liviandad que había sentido en Bilbao, la suave embriaguez del Rioja que nos ayuda a decir y oír cosas difíciles.

–Tú estás cansado de conducir, y estamos bebiendo –dije, después de un trago–. Es mejor quedarnos por aquí. Vi un parador cuando caminábamos.

Él aceptó con un movimiento de cabeza.

–Mira la mesa de enfrente –fue su comentario–. Los japoneses llaman a esto *shibumi*: la verdadera sofisticación de las cosas simples. Las personas se llenan de dinero, van a lugares caros y creen que son sofisticadas.

Bebí más vino.

El parador. Una noche más a su lado.

La virginidad que misteriosamente se había restablecido.

—Es curioso oír a un seminarista hablando de sofisticación —dije, tratando de concentrarme en otra cosa.

—Pues aprendí eso en el seminario. Cuanto más nos acercamos a Dios a través de la fe, más sencillo Se vuelve. Y cuanto más sencillo Se vuelve, más fuerte es Su presencia.

Su mano se deslizó por la tabla de la mesa.

—Cristo aprendió su misión mientras cortaba la madera y hacía sillas, camas, armarios. Vino como carpintero para mostrarnos que, hagamos lo que hagamos, todo nos puede llevar a la experiencia del amor de Dios.

Calló de repente.

—No quiero hablar de eso —dijo—. Quiero hablar de otro tipo de amor.

Sus manos tocaron mi rostro.

El vino hacía las cosas más fáciles para él. Y para mí.

—¿Por qué te has callado de repente? ¿Por qué no quieres hablar de Dios, de la Virgen, del mundo espiritual?

—Quiero hablar de otro tipo de amor —insistió—. Aquel que comparten un hombre y una mujer, y en el que también se manifiestan los milagros.

Le cogí las manos. Él podía conocer los misterios de la Diosa, pero de amor sabía tanto como yo. Por mucho que hubiese viajado.

Y tendría que pagar un precio: la iniciativa. Porque la mujer paga el precio más alto: la entrega.

Estuvimos cogidos de las manos durante un largo

179

rato. Leía en sus ojos los miedos ancestrales que el verdadero amor coloca como pruebas a ser vencidas. Leí el recuerdo del rechazo de la noche anterior, el largo tiempo que pasamos separados, los años en el monasterio en busca de un mundo donde esas cosas no ocurrían.

Leía en sus ojos los millares de veces que había imaginado aquel momento, los escenarios que había construido a nuestro alrededor, el corte de pelo que yo debía de llevar y el color de mi ropa. Yo quería decir «sí», que sería bienvenido, que mi corazón había ganado la batalla. Quería decirle cuánto lo amaba, cuánto lo deseaba en aquel momento.

Pero continué en silencio. Asistí, como en un sueño, a su lucha interior. Vi que tenía ante él mi «no», el miedo de perderme, las palabras duras que había oído en momentos semejantes, porque todos pasamos por eso, y acumulamos cicatrices.

Sus ojos empezaron a brillar. Sabía que estaba venciendo todas aquellas barreras.

Entonces solté una de sus manos, cogí un vaso y lo puse en el borde de la mesa.

—Se va a caer —dijo él.

—Exacto. Quiero que tú lo tires.

—¿Romper un vaso?

Sí, romper un vaso. Un gesto aparentemente simple, pero que implicaba miedos que nunca llegaremos a entender del todo. ¿Qué hay de malo en romper un vaso barato, si todos hemos hecho eso sin querer alguna vez en la vida?

—¿Romper un vaso? —repitió—. ¿Por qué?

—Podría dar algunas razones —respondí—. Pero la verdad es que es sencillamente por romperlo.

—¿Por ti?

—Claro que no.

Él miraba el vaso en el borde de la mesa, preocupado de que fuese a caerse.

«Es un rito de pasaje, como tú mismo dices –tuve ganas de decirle–. Es lo prohibido. Los vasos no se rompen adrede. Cuando estamos en los restaurantes o en nuestras casas, procuramos que los vasos no queden en el borde de la mesa. Nuestro universo exige que tengamos cuidado para que los vasos no caigan al suelo.»

Sin embargo, seguí pensando, cuando los rompemos sin querer, vemos que no era tan grave. El camarero dice «no tiene importancia», y nunca en mi vida he visto que en la cuenta de un restaurante hayan incluido el precio de un vaso roto. Romper vasos forma parte de la vida y no nos hacemos daño a nosotros ni al restaurante ni al prójimo.

Moví la mesa. El vaso se bamboleó, pero no cayó.

–¡Cuidado! –dijo él, instintivamente.

–Rompe el vaso –insistí.

Rompe el vaso, pensaba para mí, porque es un gesto simbólico. Trata de entender que yo rompí dentro de mí cosas mucho más importantes que un vaso, y estoy feliz de haberlo hecho. Mira tu propia lucha interior, y rompe ese vaso.

Porque nuestros padres nos enseñaron a tener cuidado con los vasos, y con los cuerpos. Nos enseñaron que las pasiones de la infancia son imposibles, que no debemos alejar a hombres del sacerdocio, que las personas no hacen milagros, y que nadie sale de viaje sin saber adónde va.

Rompe el vaso, por favor, y libéranos de todos esos conceptos malditos, de esa manía de tener que explicarlo todo y hacer sólo aquello que los demás aprueban.

–Rompe ese vaso –pedí una vez más.

Él clavó su mirada en la mía. Después, despacio,

deslizó la mano de la mesa hasta tocar el vaso. Con un rápido movimiento, lo empujó al suelo.

El ruido del vidrio roto llamó la atención de todos. En vez de disfrazar el gesto con alguna petición de disculpas, él me miraba sonriendo, y yo le devolvía la sonrisa.

–No tiene importancia –gritó el chico que atendía las mesas.

Pero él no le oyó. Se había levantado, me había cogido por los cabellos y me besaba.

Yo también lo cogí por los cabellos, lo abracé con toda mi fuerza, le mordí los labios, sentí que su lengua se movía dentro de mi boca. Era un beso que había esperado mucho, que había nacido junto a los ríos de nuestra infancia, cuando todavía no comprendíamos el significado del amor. Un beso que quedó suspendido en el aire cuando crecimos, que viajó por el mundo a través del recuerdo de una medalla, que quedó escondido detrás de pilas de libros de estudios para un empleo público. Un beso que se había perdido tantas veces y que ahora había sido encontrado. En aquel minuto de beso estaban años de búsquedas, de desilusiones, de sueños imposibles.

Lo besé con fuerza. Las pocas personas que había en aquel bar debieron de mirarnos y pensar que aquello no era más que un beso. No sabían que en ese minuto de beso estaba el resumen de mi vida, de su vida, de la vida de cualquier persona que espera, sueña y busca su camino bajo el sol.

En aquel minuto de beso estaban todos los momentos de alegría que había vivido.

Me quitó la ropa y me penetró con fuerza, con miedo, con deseo. Sentí algo de dolor, pero eso no tenía importancia. Como tampoco tenía importancia mi placer en ese momento. Le pasaba las manos por el pelo, escuchaba sus gemidos, y daba las gracias a Dios porque él estaba allí, dentro de mí, haciéndome sentir como si fuese la primera vez.

Nos amamos toda la noche, y el amor se mezclaba con el sueño y con los sueños. Lo sentía dentro de mí, y lo abrazaba para tener la certeza de que aquello estaba ocurriendo de verdad, para no dejar que se fuese de repente, como los caballeros andantes que algún día habían habitado el viejo castillo transformado en hotel. Las silenciosas paredes de piedra parecían contar historias de doncellas que se quedaban esperando, de lágrimas derramadas, y de días interminables en la ventana, mirando el horizonte, en busca de una señal o de una esperanza.

Pero yo nunca pasaría por eso, me prometí. No lo perdería nunca. Él siempre estaría conmigo, porque yo había escuchado las lenguas del Espíritu Santo, mirando un crucifijo detrás de un altar, y esas lenguas me habían dicho que yo no estaba cometiendo ningún pecado.

Sería su compañera, y juntos desbravaríamos el mundo que esperaba ser creado de nuevo. Hablaríamos de la Gran Madre, lucharíamos al lado del Arcángel Miguel, viviríamos juntos la agonía y el éxtasis de los pioneros. Eso me habían dicho las lenguas, y yo había recuperado la fe, sabía que decían la verdad.

jueves, 9 de diciembre de 1993

Me desperté con sus brazos encima de mis senos. Ya era día claro, y sonaban las campanas de una iglesia cercana.

Él me besó. Sus manos volvieron a acariciar mi cuerpo.

–Tenemos que irnos –dijo–. Han acabado los días festivos, y las carreteras deben de estar congestionadas.

–No quiero ir a Zaragoza –respondí–. Quiero seguir hasta donde vas tú. Los bancos abren dentro de poco, y puedo utilizar la tarjeta para sacar dinero y comprar ropa.

–Me dijiste que no tenías mucho dinero.

–Me las arreglaré. Tengo que romper sin piedad con mi pasado. Si vuelvo a Zaragoza, puedo creer que estoy haciendo una locura, que falta poco para las oposiciones, que podemos estar dos meses separados, hasta que yo termine los exámenes.

»Y si paso por allí, no querré salir de Zaragoza. No, no puedo volver. Necesito destruir los puentes que me ligan con la mujer que fui.

–Barcelona –dijo él para sí.

–¿Qué?

–Nada. Seguiremos viajando.

–Pero tienes una charla.

–Todavía faltan dos días –respondió él. Su voz sonaba extraña–. Vamos a otro lugar. No quiero ir directamente a Barcelona.

Me levanté. No quería pensar en problemas; quizá había despertado como siempre se despierta después de la primera noche de amor con alguien: con cierta cortedad y vergüenza.

Fui hasta la ventana, abrí un poco la cortina y miré hacia la callejuela que teníamos delante. Los balcones de las casas tenían ropa tendida a secar. Las campanas tocaban allá fuera.

–Tengo una idea –dije–. Vamos a un sitio donde ya estuvimos cuando éramos niños. Nunca he vuelto allí.

–¿Adónde?

–Vamos al monasterio de Piedra.

Cuando salimos del hotel, las campanas seguían sonando, y él sugirió que entrásemos un rato en la iglesia.

–No hemos hecho otra cosa –respondí–. Iglesias, oraciones, rituales.

–Hicimos el amor –dijo él–. Nos emborrachamos tres veces. Caminamos por las montañas. Hemos equilibrado bien el Rigor y la Misericordia.

Yo había dicho una tontería. Necesitaba acostumbrarme a la nueva vida.

–Perdóname –dije.

–Entramos sólo un rato. Estas campanadas son una señal.

Él tenía toda la razón, pero yo no me daría cuenta hasta el día siguiente. Sin entender la oculta señal, subimos al coche y viajamos durante cuatro horas hasta el monasterio de Piedra.

El techo se había desmoronado, y a las pocas imágenes que todavía existían les faltaba la cabeza, excepto a una.

Miré alrededor. En el pasado, aquel sitio debía de haber albergado a hombres de voluntad fuerte, que vigilaban para que cada piedra estuviese limpia, y para que cada banco estuviese ocupado por uno de los poderosos de la época.

Pero todo lo que veía ahora allí delante eran ruinas. Las ruinas que, en la infancia, se habían transformado en castillos donde jugábamos juntos, y en los cuales yo buscaba a mi príncipe encantado.

Durante siglos, los monjes del monasterio de Piedra habían guardado para sí aquel pedazo de paraíso. Situado en lo hondo de una depresión geográfica, tenía gratis lo que los pueblos vecinos debían mendigar: agua. Allí el río Piedra se dividía en decenas de cascadas, riachuelos, lagos, haciendo que a su alrededor se desarrollase una vegetación exuberante.

Sin embargo, bastaba caminar unos cientos de metros y salir del cañón: alrededor todo era aridez y desolación. El propio río, cuando terminaba de atravesar la depresión geográfica, se transformaba de nuevo en un pequeño hilo de agua, como si en aquel lugar hubiese gastado toda su juventud y energía.

Los monjes sabían eso, y el agua que suministraban a los vecinos costaba cara. Una infinidad de luchas entre los sacerdotes y los pueblos marcó la historia del monasterio.

Finalmente, en una de las muchas guerras que sacudieron España, el monasterio de Piedra fue transformado en cuartel. Los caballos se paseaban por la nave central de la iglesia, los soldados acampaban entre sus bancos, contaban historias pornográficas y hacían el amor con las mujeres de los pueblos vecinos.

La venganza –aunque tardía– había llegado. El monasterio fue saqueado y destruido.

Los monjes no consiguieron nunca más reabrir aquel paraíso. En una de las muchas batallas jurídicas que siguieron, alguien dijo que los habitantes de los pueblos vecinos habían ejecutado una sentencia de Dios: «Dad de beber al sediento», y los curas prestaron oídos sordos a esas palabras. Por ese motivo, Dios expulsó a quienes se consideraban dueños de la naturaleza.

Y quizá por eso, aunque gran parte del convento había sido reconstruida y transformada en hotel, la iglesia principal continuaba todavía en ruinas. Los descendientes de los pueblos vecinos seguían recordando el alto precio que sus padres habían tenido que pagar... por algo que la naturaleza daba gratis.

–¿De quién es la única imagen con cabeza? –pregunté.

–De santa Teresa de Ávila –respondió él–. Ella tiene poder. Y a pesar de toda la sed de venganza que traen las guerras, nadie osó tocarla.

Me cogió de la mano y salimos. Paseamos por los gigantescos pasillos del convento, subimos por las largas escaleras de madera y vimos las mariposas en los jardines interiores del claustro. Yo me acordaba de cada detalle de aquel monasterio, porque había estado allí en la infancia, y los recuerdos antiguos parecen más vivos que los recientes.

La memoria. El mes anterior y los días anteriores a aquella semana parecían pertenecer a otra encarnación mía. Una época a la que no quería volver nunca más, porque sus horas no habían sido tocadas por la mano del amor. Me sentía como si hubiese vivido el mismo día durante años seguidos, despertando de la misma manera, repitiendo las mismas cosas y teniendo siempre los mismos sueños.

Me acordé de mis padres, de los padres de mis padres, y de muchos amigos míos. Me acordé de todo el tiempo que había pasado luchando para conseguir una cosa que no quería.

¿Por qué había hecho eso? No lograba encontrar una explicación. Quizá porque había tenido pereza para pensar en otros caminos. Quizá por miedo a lo que pudiesen pensar los demás. Quizá porque daba mucho trabajo ser diferente. Quizá porque el ser humano está condenado a repetir los pasos de la generación anterior, hasta que –y me acordé del padre superior– un determinado número de personas empieza a comportarse de otra manera.

Entonces el mundo cambia, y nosotros cambiamos con él.

Pero yo ya no quería ser así. El destino me había devuelto lo que era mío, y ahora me daba la posibilidad de transformarme, y de ayudar a transformar el mundo.

Pensé de nuevo en las montañas y en los alpinistas

que habíamos encontrado cuando paseábamos. Eran jóvenes, llevaban ropas coloridas para llamar la atención en caso de perderse en la nieve y conocían el verdadero camino hasta las cumbres.

Las pendientes ya tenían grapas de aluminio clavadas: todo lo que necesitaban hacer era usar ganchos para pasar sus cuerdas y subir con seguridad. Estaban allí para una aventura de día festivo, y el lunes regresarían a sus trabajos con la sensación de haber desafiado a la naturaleza, y vencido.

Pero no se trataba de eso. Aventureros habían sido los primeros, los que habían decidido descubrir los caminos. Algunos ni siquiera habían llegado a la mitad, pues habían caído en las grietas de la roca. Otros habían perdido los dedos, gangrenados a causa del frío. A muchos no se les había visto nunca más. Pero un día alguien llegó a lo alto de aquellos picos.

Y sus ojos fueron los primeros en ver aquel paisaje, y su corazón latió con alegría. Había aceptado los riesgos, y ahora honraba –con su conquista– a todos los que habían muerto en el intento.

Es posible que las personas allá abajo pensasen: «No hay nada en la cima, sólo un paisaje. ¿Qué atractivo puede tener?».

Pero el primer alpinista sabía cuál era ese atractivo: aceptar los desafíos y seguir adelante. Saber que ningún día era igual a otro, y que cada mañana tenía su milagro especial, su momento mágico, en el que se destruían viejos universos y se creaban nuevas estrellas.

El primer hombre que subió a aquellas montañas debió de hacerse la misma pregunta al mirar las casitas que se veían en el fondo, con las chimeneas humeando: «Sus días parecen siempre iguales. ¿Qué atractivo tiene esto?».

Ahora las montañas ya estaban conquistadas, los astronautas ya habían caminado por el espacio, ya no quedaba ninguna isla en la Tierra –por pequeña que fuera– que pudiese ser descubierta. Pero sobraban las grandes aventuras del espíritu, y en ese momento me estaban ofreciendo una de ellas.

Era una bendición. El padre superior no entendía nada. Esos dolores no hieren.

Bienaventurados los que pueden dar los primeros pasos. Un día la gente sabría que el hombre puede hablar la lengua de los ángeles, que todos tenemos los dones del Espíritu Santo y que podemos hacer milagros, curar, profetizar, entender.

Pasamos la tarde caminando por el cañón, recordando los tiempos de la infancia. Era la primera vez que él hacía eso; en nuestro viaje a Bilbao, había tenido la sensación de que ya no le interesaba Soria.

Sin embargo, ahora me pedía detalles de cada uno de nuestros amigos; quería saber si eran felices, y qué hacían en la vida.

Llegamos finalmente a la cascada más grande del Piedra, que reúne las aguas de pequeños riachuelos dispersos y las arroja desde una altura de casi treinta metros. Nos quedamos en el borde, escuchando el ruido ensordecedor, contemplando un arco iris en la neblina que formaban las grandes cascadas de agua.

—La Cola de Caballo —dije, sorprendida de saber todavía un nombre que había escuchado hacía tanto tiempo.

—Me estoy acordando... —empezó a decir.

—¡Sí! ¡Sé lo que vas a decir!

¡Claro que lo sabía! La caída de agua ocultaba una gigantesca gruta. De niños, al volver de nuestra primera excursión al monasterio de Piedra, estuvimos conversando sobre aquel sitio durante días seguidos.

—La caverna —concluyó—. ¡Vamos allí!

Resultaba imposible pasar por debajo del torrente de agua que caía. Los antiguos monjes construyeron un túnel que empieza en el punto más alto de la cascada y desciende por dentro de la tierra hasta la parte de atrás de la gruta.

No fue difícil encontrar la entrada. Durante el verano quizá hubiese luces para señalar el camino, pero en ese momento éramos las únicas personas que había allí, y el túnel estaba completamente a oscuras.

–¿Entramos de todos modos? –pregunté.

–Claro. Confía en mí.

Comenzamos a bajar por el agujero al lado de la cascada. Aunque nos cercase la oscuridad, sabíamos adónde íbamos, y él me había pedido que confiara en él.

«Gracias, Señor –pensaba, mientras nos internábamos en las entrañas de la tierra–. Porque era una oveja perdida, y Tú me trajiste de vuelta. Porque mi vida estaba muerta, y Tú la resucitaste. Porque el amor ya no habitaba mi corazón, y Tú me devolviste esa gracia.»

Me apoyaba en su hombro. Mi amado guiaba mis pasos por caminos de tinieblas, sabiendo que volveríamos a encontrar la luz, y que nos alegraría. Podía ocurrir que, en nuestro futuro, hubiese momentos en los que se invirtiese esa situación; entonces yo lo guiaría con el mismo amor y la misma seguridad, hasta llegar a un lugar seguro donde pudiésemos descansar juntos.

Andábamos despacio, y el descenso parecía no terminar nunca. Tal vez fuese ése un nuevo rito de pasaje, el final de una época en la que no brillaba ninguna luz en mi vida. A medida que avanzaba por aquel túnel, recordaba el tiempo que había perdido en el mismo

196

lugar, tratando de echar raíces en un suelo donde nada crecía.

Pero Dios era bueno, y me había devuelto el entusiasmo perdido, las aventuras que había soñado, el hombre que –sin querer– había esperado durante toda mi vida. No sentía ningún remordimiento por el hecho de que él dejase el seminario; porque había muchas maneras de servir a Dios, como había dicho el padre, y nuestro amor multiplicaría esas maneras. A partir de ahora, también yo tenía la oportunidad de servir y ayudar..., todo a causa de él.

Saldríamos por el mundo, él confortando a los demás, yo confortándolo a él.

«Gracias, Señor, por ayudarme a servir. Enséñame a ser digna de eso. Dame fuerzas para participar en su misión, caminar con él por la Tierra, desarrollar de nuevo mi vida espiritual. Que todos nuestros días sean como lo fueron éstos: de lugar en lugar, curando a los enfermos, confortando a los tristes, hablando del amor que la Gran Madre tiene por todos nosotros.»

De repente volvió el ruido del agua, la luz inundó nuestro camino y el túnel negro se transformó en uno de los más bellos espectáculos de la Tierra. Estábamos dentro de una inmensa caverna, del tamaño de una catedral. Tres paredes eran de piedra; la cuarta pared era la Cola de Caballo, con el agua que descendía cayendo en el lago verde esmeralda a nuestros pies.

Los rayos del sol poniente atravesaban la cascada, y las paredes mojadas brillaban.

Nos quedamos recostados en la piedra, sin decir nada.

Antes, cuando éramos niños, este sitio era un escondrijo de piratas, que guardaba los tesoros de nuestras fantasías infantiles. Ahora era el milagro de la Madre Tierra; yo me sentía en su vientre, sabía que Ella estaba allí, protegiéndonos con sus paredes de piedra y lavando nuestros pecados con su pared de agua.

–Gracias –dije en voz alta.

–¿A quién das las gracias?

–A Ella. Y a ti, que fuiste un instrumento para que yo recuperase mi fe.

Él se acercó al borde del lago subterráneo. Contempló las aguas y sonrió.

–Ven aquí –pidió.

Yo me acerqué.

–Tengo que contarte algo que todavía no sabes –dijo.

Esas palabras me preocuparon. Pero su mirada era tranquila, y me tranquilicé.

–Todas las personas sobre la faz de la Tierra tienen un don –dijo–. En algunas ese don se manifiesta espontáneamente; otras necesitan trabajar para encontrarlo. Yo trabajé mi don durante los cuatro años que pasé en el seminario.

Ahora yo tenía que «representar», para utilizar un término que él me había enseñado cuando el viejo nos negó la entrada en la iglesia.

Tenía que fingir que no sabía nada.

«No está equivocado –pensé–. No es un guión de frustración, sino de alegría.»

–¿Qué se hace en el seminario? –pregunté, tratando de ganar tiempo para desempeñar mejor el papel.

–No viene al caso –dijo–. El hecho es que desarrollé un don. Soy capaz de curar, cuando Dios así lo desea.

–Qué bien –respondí, tratando de mostrar sorpresa–. ¡No gastaremos dinero en médicos!

Él no se rió. Y yo me sentí como una idiota.

–Desarrollé mis dones mediante las prácticas carismáticas que tú viste –prosiguió–. Al principio me quedaba perplejo; oraba, pedía la presencia del Espíritu Santo, imponía mis manos y devolvía la salud a muchos enfermos. Mi fama empezó a extenderse, y todos los días se formaba una cola en la puerta del seminario, esperando mi auxilio. En cada herida infectada y maloliente yo veía las llagas de Jesús.

199

–Estoy orgullosa de ti –dije.

–Mucha gente en el monasterio se oponía, pero mi superior me dio todo su apoyo.

–Continuaremos ese trabajo. Seguiremos juntos por el mundo. Yo limpiaré las heridas, tú las bendecirás y Dios manifestará sus milagros.

Él desvió la mirada, y la clavó en el lago. Parecía haber una presencia en aquella caverna, algo parecido a lo de la noche en que nos habíamos emborrachado junto a la fuente de Saint-Savin.

–Ya te lo conté, pero te lo voy a repetir –continuó–. Cierta noche, me desperté con la habitación toda iluminada. Vi el rostro de la Gran Madre, y su mirada de amor. A partir de ese día empecé a verla de vez en cuando. No era algo que pudiera provocar, pero de vez en cuando Ella aparecía.

»A esas alturas, yo ya estaba al tanto del trabajo de los grandes revolucionarios de la Iglesia. Sabía que mi misión en la Tierra, además de curar, era preparar el camino para que Dios-Mujer fuese de nuevo aceptado. El principio femenino, la columna de la Misericordia, volvería a levantarse, y el Templo de la Sabiduría sería reconstruido en el corazón de los hombres.

Yo lo miraba. Su expresión, que antes era tensa, volvió a quedar tranquila.

–Esto tenía un precio, que yo estaba dispuesto a pagar.

Calló, sin saber cómo continuar la historia.

–¿Qué quieres decir con «estaba»? –pregunté.

–El camino de la Diosa podría ser abierto sólo con palabras y milagros. Pero el mundo no funciona así. Va a ser más duro; lágrimas, incomprensión, sufrimiento.

«Aquel padre –pensé para mí–. Trató de meter el miedo en su corazón. Pero yo seré su consuelo.»

—El camino no es de dolor, sino de gloria de servir —respondí.

—La mayoría de los seres humanos todavía desconfían del amor.

Sentí que quería decirme algo, y no lo lograba. Quizá pudiese ayudarlo.

—Yo estaba pensando en eso —interrumpí—. En el primer hombre que escaló el pico más alto de los Pirineos y descubrió que la vida sin aventura no tenía gracia.

—¿Qué entiendes tú de gracia? —preguntó, y vi que había vuelto a ponerse tenso—. Uno de los nombres de la Gran Madre es Nuestra Señora de las Gracias, y sus manos generosas derraman bendiciones sobre todas las personas que saben recibirlas.

»Nunca podemos juzgar la vida de los demás, porque cada uno sabe de su propio dolor y de su propia renuncia. Una cosa es suponer que uno está en el camino cierto; otra es suponer que ese camino es el único.

»Jesús dijo: la casa de mi padre tiene muchas moradas. El don es una gracia. Pero también es una gracia llevar una vida de dignidad, de amor al prójimo y de trabajo. María tuvo un esposo en la Tierra que trató de demostrar el valor del trabajo anónimo. Aunque sin aparecer mucho, fue él quien proveyó techo y alimento para que su mujer y su hijo pudiesen hacer todo lo que hicieron. Su trabajo tiene tanta importancia como el trabajo de ellos, aunque casi no se dé valor a eso.

Yo no dije nada. Él me cogió la mano.

—Perdóname la intolerancia.

Le besé la mano y la apoyé contra mi rostro.

—Es esto lo que te quiero explicar —dijo, sonriendo de nuevo—. Que desde el momento en que te reencontré, supe que no podía hacerte sufrir con mi misión.

201

Empecé a inquietarme.

–Ayer te mentí. Fue la primera y la última mentira que te conté –prosiguió–. En realidad, en vez de ir al seminario, fui a la montaña y conversé con la Gran Madre.

»Le dije que, si ella quería, me apartaría de ti y seguiría mi camino. Seguiría con la puerta llena de enfermos, con los viajes en medio de la noche, con la incomprensión de los que quieren negar la fe, con la mirada cínica de los que desconfían de que el amor salva. Si Ella me lo pidiese, renunciaría a la cosa que más quiero en el mundo: tú.

Volví a acordarme del padre. Él tenía razón. Aquella mañana se estaba planteando una elección.

–Entretanto –continuó–, si fuese posible apartar este cáliz de mi vida, yo prometía servir al mundo mediante mi amor por ti.

–¿Qué estás diciendo? –pregunté, asustada.

Él pareció no oírme.

–No es necesario quitar las montañas de los lugares para probar la fe –dijo–. Yo estaba preparado para encarar solo el sufrimiento, pero no para dividirlo. Si continuara por ese camino, jamás tendríamos una casa con cortinas blancas y un paisaje de montañas.

–¡No quiero saber nada de esa casa! ¡No quise entrar en ella! –dije, tratando de contenerme para no gritar–. Quiero acompañarte, estar contigo en tu lucha, formar parte de los que se aventuran primero. ¿Es que no entiendes? ¡Tú me devolviste la fe!

El sol había cambiado de posición, y sus rayos inundaban ahora las paredes de la caverna. Pero toda aquella belleza empezaba a perder su significado.

Dios escondió el infierno en medio del paraíso.

–Tú no sabes –dijo él, y vi que sus ojos imploraban que lo comprendiese–. Tú no sabes el riesgo.

–¡Pero eras feliz con ese riesgo!

–Soy feliz con él. Pero es *mi* riesgo.

Quise interrumpirlo, pero no me oía.

–Entonces, ayer, le pedí un milagro a la Virgen –continuó–. Le pedí que me retirase el don.

Yo no podía creer lo que estaba oyendo.

–Tengo un poco de dinero, y toda la experiencia que me han dado los años de viajes. Compraremos una casa, buscaré un empleo y serviré a Dios como hizo san José, con la humildad de una persona anónima. Ya no necesito milagros para mantener viva mi fe. Te necesito a ti.

Las piernas empezaron a aflojárseme, como si fuera a desmayarme.

–Y en el momento en que le pedí a la Virgen que me retirara el don, empecé a hablar las lenguas –prosiguió–. Las lenguas me decían lo siguiente: «Coloca las manos en la tierra. Tu don saldrá de ti, y regresará al seno de la Madre».

Yo tenía pánico.

–Tú no...

–Sí. Hice lo que la inspiración del Espíritu Santo mandaba. La neblina empezó a disolverse, y el sol volvió a brillar entre las montañas. Sentí que la Virgen me entendía, porque Ella también amó mucho.

–¡Pero ella siguió a su hombre! ¡Y aceptó los pasos del hijo!

–No tenemos la fuerza de Ella, Pilar. Mi don irá a otra persona, pues nunca se desperdicia.

»Ayer, en aquel bar, telefoneé a Barcelona y cancelé la conferencia. Vamos a Zaragoza; tú conoces gente, y podemos empezar por allí. Luego buscaré un empleo.

Yo ya no podía pensar.

–¡Pilar! –dijo él.

Pero yo ya caminaba de vuelta hacia el túnel, sin la guía de ningún hombro amigo, seguida por la multitud de enfermos que iban a morir, por las familias que iban a sufrir, por los milagros que no serían hechos, por las risas que no adornarían el mundo, por las montañas que quedarían siempre en el mismo lugar.

Yo no veía nada, apenas la oscuridad casi física que me cercaba.

viernes, 10 de diciembre de 1993

A orillas del río Piedra me senté y lloré. Los recuerdos de aquella noche son confusos y vagos. Sólo sé que estuve cerca de la muerte, pero no recuerdo cómo es su rostro, ni adónde me llevaba.

Me gustaría recordarla, para poder también expulsarla de mi corazón. Pero no puedo. Todo parece un sueño, desde el momento en que salí de aquel túnel oscuro y encontré un mundo donde también había descendido ya la noche.

En el cielo no brillaba ninguna estrella. Recuerdo vagamente haber caminado hasta el coche, sacado la pequeña bolsa que llevaba conmigo y comenzado a andar sin rumbo. Debo de haber caminado hasta la carretera, y tratado de hacer autostop para regresar a Zaragoza..., sin haberlo conseguido. Terminé volviendo a los jardines del monasterio.

El ruido del agua era omnipresente: las cascadas estaban en todos los rincones, y yo veía la presencia de la Gran Madre persiguiéndome a dondequiera que fuese. Sí, Ella había amado el mundo; había amado el mundo tanto como Dios, porque también había dado a su hijo para que fuera sacrificado por los hombres. Pero ¿entendería el amor de una mujer por un hombre?

207

Ella puede haber sufrido por amor, pero era un amor diferente. Su gran Novio lo sabía todo, hacía milagros. Su novio en la Tierra era un trabajador humilde, que creía todo lo que sus sueños le contaban. Ella nunca supo lo que era abandonar o ser abandonada por un hombre. Cuando José pensó en expulsarla de la casa porque estaba embarazada, el Novio de los cielos le envió un ángel para impedir que eso sucediese.

Su hijo la dejó. Pero los hijos siempre dejan a los padres. Es fácil sufrir por amor al prójimo, por amor al mundo o por amor al hijo. Ese sufrimiento da la sensación de que todo eso es parte de la vida, de que es un dolor noble y grandioso. Es fácil sufrir por amor a una causa, o a una misión: eso sólo engrandece el corazón del que sufre.

Pero ¿cómo explicar el sufrimiento por un hombre? Es imposible. Entonces, la gente se siente en el infierno, porque no existe nobleza ni grandeza, apenas miseria.

Esa noche me acosté en el suelo helado, y en seguida el frío me anestesió. En ocasiones pensé que podía morir si no conseguía un abrigo, pero ¿qué más daba? Todo lo más importante en mi vida me lo habían dado generosamente en una semana, y me lo habían quitado en un minuto, sin que tuviese tiempo de decir nada.

Mi cuerpo empezó a temblar de frío. En algún momento se detendría, porque habría gastado todas sus energías tratando de calentarse, y ya no podría hacer nada. Entonces, el cuerpo volvería a su tranquilidad habitual, y la muerte me acogería en sus brazos.

Temblé más de una hora. Y la paz llegó.

Antes de cerrar los ojos, empecé a oír la voz de mi madre. Me contaba una historia que ya me había contado cuando era niña, sin sospechar que se refería a mí.

«Un muchacho y una muchacha se enamoraron locamente —decía la voz de mi madre, en aquella mezcla de sueño y delirio—. Y decidieron casarse. Los novios siempre se hacen regalos.

»El muchacho era pobre: su único bien consistía en un reloj que había heredado del abuelo. Pensando en los bellos cabellos de la amada, decidió vender el reloj para comprar un bonito prendedor de plata.

»La muchacha tampoco tenía dinero para el regalo de bodas. Entonces, fue hasta la tienda del principal comerciante del lugar y vendió sus cabellos. Con el dinero, compró una cadena de oro para el reloj de su amado.

»Cuando se encontraron, el día de la fiesta del casamiento, ella le dio a él una cadena para un reloj que había sido vendido, y él le dio a ella un prendedor para unos cabellos que ya no existían.»

Al despertar me estaba sacudiendo un hombre.

—¡Beba! —decía—. ¡Beba rápido!

No sabía qué pasaba, ni tenía fuerzas para resistir. Él me abrió la boca, y me obligó a tomar un líquido que me quemaba por dentro. Vi que estaba en mangas de camisa, y que yo tenía puesto su abrigo.

—¡Beba más! —insistía.

Yo no sabía qué pasaba; pero obedecí. Después volví a cerrar los ojos.

Volví a despertar en el convento. Una mujer me estaba mirando.

—La señora casi se ha muerto —dijo—. Si no fuera por el vigía del monasterio, ya no estaría aquí.

Me levanté con torpeza, sin saber bien qué hacía. Parte del día anterior me volvió a la memoria, y deseé que el vigía no hubiese pasado nunca por allí.

Pero ahora el verdadero tiempo de la muerte había pasado. Yo seguiría viviendo.

La mujer me llevó hasta la cocina, y me dio café, bizcochos y pan con aceite. No hizo preguntas, y yo tampoco expliqué nada. Cuando terminé de comer, me devolvió la bolsa.

—Fíjese si está todo ahí —dijo.

—Debe de estar. No tenía nada.

—Tiene su vida, hija mía. Una vida larga. Cuídela mejor.

—Hay una ciudad cerca de aquí que tiene una iglesia —dije, con ganas de llorar—. Ayer, antes de venir para aquí, entré en esa iglesia con...

Y no sabía cómo explicarlo.

—... con un amigo de la infancia. Ya estaba harta de andar visitando iglesias, pero tocaban las campanas, y él dijo que era una señal, que necesitábamos entrar.

La mujer me llenó la taza, se sirvió un poco de café y se sentó a escuchar mi historia.

–Entramos en la iglesia –continué–. No había nadie, estaba oscuro. Estuve tratando de descubrir alguna señal, pero sólo veía los altares y los santos de siempre. De repente oímos que algo se movía en la parte superior, donde está el órgano.

»Era un grupo de muchachos con violines, que en seguida empezaron a afinar los instrumentos. Decidimos sentarnos a escuchar un poco de música antes de salir de viaje.

»Poco después, entró un hombre y se sentó a nuestro lado. Estaba alegre, y les gritaba a los chicos que tocasen un pasodoble.

–¡Música de corridas de toros! –dijo la mujer–. Espero que no hicieran eso.

–No lo hicieron. Pero se rieron y tocaron una canción flamenca. Yo y mi amigo nos sentíamos como si el cielo hubiera descendido sobre nosotros; la iglesia, la oscuridad acogedora, el sonido de los violines y la alegría del hombre que estaba a nuestro lado: todo aquello era un milagro.

»Poco a poco la iglesia se fue llenando. Los chicos seguían tocando música flamenca, y los que entraban sonreían, y se dejaban contagiar por la alegría de los músicos.

»Mi amigo me preguntó si quería asistir a la misa que estaba a punto de comenzar. Yo dije que no: teníamos por delante un largo viaje. Resolvimos salir, pero antes dimos las gracias a Dios por aquel agradable momento en nuestras vidas.

»Cuando llegamos a la puerta descubrimos que mu-

213

chas personas, muchas de verdad, quizá todos los habitantes de aquella pequeña ciudad, se dirigían a la iglesia. Pensé que debía de ser el último pueblo totalmente católico de España. Quizá porque las misas eran muy animadas.

»Al subir al coche, vimos que se acercaba un cortejo. Traían un féretro. Alguien había muerto, y aquélla era una misa de cuerpo presente. Al llegar el cortejo a la puerta de la iglesia, los músicos interrumpieron las canciones flamencas y empezaron a tocar un réquiem.

–Que Dios tenga piedad de esa alma –dijo la mujer, haciendo la señal de la cruz.

–Que tenga piedad –dije, repitiendo el gesto de la mujer–. Pero entrar en aquella iglesia fue una señal. De que la tristeza está siempre esperando al final de la historia.

La mujer me miró y no dijo nada. Entonces salió, y volvió en seguida con varias hojas de papel y una estilográfica.

–Vamos afuera –dijo.

Salimos juntas. Estaba amaneciendo.

–Respire hondo –pidió–. Deje que esta nueva mañana entre en sus pulmones y corra por sus venas. Por lo visto, no es casual que la señora se perdiera ayer.

Yo no dije nada.

–La señora tampoco entendió la historia que me acaba de contar, sobre la señal de la iglesia –prosiguió–. Sólo vio la tristeza del fin. Olvidó los momentos alegres que pasó allí dentro. Olvidó la sensación de que los cielos habían descendido, y de lo bueno que era estar viviendo aquello en compañía de su...

Se interrumpió, sonriendo.

–... amigo de la infancia –agregó, guiñando el ojo–. Jesús dijo: *«Dejad que los muertos entierren a los muertos».*

Porque él sabe que la muerte no existe. La vida ya existía antes de que naciéramos, y seguirá existiendo después de que dejemos este mundo.

Se me llenaron de lágrimas los ojos.

–Lo mismo ocurre con el amor –continuó–. Ya existía antes, y seguirá existiendo para siempre.

–Parece que conoce usted mi vida –dije.

–Todas las historias de amor tienen mucho en común. Yo también pasé por esto en algún momento de mi vida. Pero no me acuerdo. Sé que el amor volvió, bajo la forma de un nuevo hombre, de nuevas esperanzas, de nuevos sueños.

Me ofreció las hojas de papel y la estilográfica.

–Escriba todo lo que está sintiendo. Saque las cosas del alma, póngalas en el papel y después tírelo. Dice la leyenda que el río Piedra es tan frío que todo lo que cae en él, hojas, insectos, plumas de ave, se transforma en piedra. ¿Acaso no sería buena idea que dejase sus sufrimientos en esas aguas?

Cogí los papeles, ella me dio un beso y me dijo que podía volver para el almuerzo, si quería.

–No se olvide de una cosa –gritó, cuando me iba–. El amor permanece. ¡Son los hombres los que cambian!

Me reí, y ella me volvió a saludar con la mano.

Estuve mirando el río durante mucho tiempo. Lloré hasta sentir que no me quedaban más lágrimas.

Entonces empecé a escribir.

215

Epílogo

Escribí durante un día, y otro, y otro más. Todas las mañanas iba a la orilla del río Piedra. Siempre, al atardecer, la mujer se acercaba, me cogía del brazo y me llevaba a su habitación del antiguo convento.

Lavaba mis ropas, preparaba la cena, charlaba de cosas sin importancia y me metía en la cama.

Cierta mañana, cuando ya estaba llegando al final del manuscrito, oí el ruido de un coche. El corazón me saltó en el pecho, pero no quería creer lo que me decía. Ya me sentía libre de todo, y estaba preparada para volver al mundo y formar parte de él.

Lo más difícil ya había pasado, aunque quedase la nostalgia.

Pero mi corazón no se equivocaba. Sin levantar los ojos del manuscrito, sentí su presencia y el sonido de sus pasos.

—Pilar —dijo, sentándose a mi lado.

Yo no respondí. Seguí escribiendo, pero ya no podía coordinar los pensamientos. Mi corazón daba brincos, tratando de liberarse de mi pecho y correr al encuentro de él. Pero yo no le dejaba.

Él se quedó allí sentado, mirando el río, mientras yo escribía sin parar. Pasamos así toda la mañana –sin decir una palabra–, y me acordé del silencio de una noche, junto a una fuente, donde de repente entendí que lo amaba.

Cuando mi mano no aguantó más del cansancio, me detuve un poco. Entonces él habló.

–Estaba oscuro cuando salí de la caverna, y no logré encontrarte. Entonces fui hasta Zaragoza –dijo–. Y fui hasta Soria. Y recorrería el mundo entero siguiéndote. Decidí volver al monasterio de Piedra para ver si encontraba alguna pista, y encontré a una mujer.

»Ella me indicó dónde estabas. Y me dijo que me habías esperado todos estos días.

Los ojos se me llenaron de lágrimas.

–Me quedaré sentado a tu lado mientras estés aquí junto al río. Y si te vas a dormir, dormiré delante de tu casa. Y si viajas lejos, te seguiré los pasos.

»Hasta que me digas: vete. Entonces me iré. Pero te amaré por el resto de mi vida.

Yo ya no podía ocultar el llanto. Vi que él también lloraba.

–Quiero que sepas una cosa... –dijo.

–No digas nada. Lee –respondí, dándole los papeles que tenía en el regazo.

Durante toda la tarde estuve mirando las aguas del río Piedra. La mujer nos trajo bocadillos y vino, dijo algo sobre el tiempo y volvió a dejarnos solos. Más de una vez él interrumpió la lectura, y se quedó con la mirada perdida en el horizonte, absorto en sus pensamientos.

En cierto momento, resolví ir a dar una vuelta por el bosque, por las pequeñas cascadas, por las laderas llenas de historias y significados. Cuando empezaba a ponerse el sol, regresé al sitio donde le había dejado.

—Gracias —fue su primera palabra cuando me devolvió los papeles—. Y perdón.

A orillas del río Piedra me senté y sonreí.

—Tu amor me salva, y me devuelve los sueños —continuó.

Me quedé callada, sin moverme.

—¿Conoces bien el salmo 137? —preguntó.

Dije que no con la cabeza. Tenía miedo de hablar.

—*A orillas de los ríos de Babilonia...*

—Sí, sí, lo conozco —dije, sintiendo que volvía poco a poco a la vida—. Habla del exilio. Habla de las personas que cuelgan sus cítaras porque no pueden cantar la música que les pide el corazón.

—Pero después de llorar de nostalgia por la tierra de sus sueños, el salmista se promete a sí mismo:

¡Jerusalén, si yo de ti me olvido,
que se seque mi diestra!
¡Mi lengua se me pegue al paladar
si de ti no me acuerdo...!

Sonreí una vez más.
—Me estaba olvidando. Y tú me haces recordar.
—¿Crees que recuperarás tu don? —pregunté.
—No lo sé. Pero Dios siempre me dio una segunda oportunidad en la vida. Me la está dando contigo. Y me ayudará a encontrar mi camino.
—El nuestro —lo interrumpí de nuevo.
—Sí, el nuestro.
Me cogió de las manos y me levantó.
—Vete a buscar tus cosas —dijo—. Los sueños dan trabajo.

Enero de 1994

A orillas del Río Piedra me senté y lloré,
de Paulo Coelho
se imprimió el mes de agosto de 2004 en
Gráficas Monte Albán, S.A. de C.V.
Fracc. Agro Industrial La Cruz,
El Marqués, Qro,